Quitte

INGE FASAN

MIT ILLUSTRATIONEN VON
LINDA WOLFSGRUBER

mandelbaums *kleine gourmandisen*
N° 001

www.mandelbaum.at
ISBN 978-3-85476-476-2
© mandelbaum wien 2015
alle Rechte vorbehalten
5. Auflage 2021

Das Gedicht Quitten-Pastete von Jan Wagner entnommen aus:
    Jan Wagner, Selbstporträt mit Bienenschwarm, Ausgewählte
    Gedichte 2001–2015, © 2016 Hanser Berlin im Carl Hanser
    Verlag München
Lektorat: Erhard Waldner
Satz & Umschlaggestaltung: Michael Baiculescu
Illustrationen: Linda Wolfsgruber
Druck: Interpress, Budapest

VORNEWEG Max Goldt meinte in seinem ursprünglich für die Satirezeitschrift *Titanic* geschriebenen Text über die Quitte, sie sei „überhaupt nicht kommentarintensiv". Hat der eine Ahnung!

Man muss allerdings dazusagen, dass der Text Anfang der 1990er Jahre verfasst wurde, in einer Zeit also, da die Quitte als vergessene und verschmähte Frucht in unseren Obstgärten vergammelte. Mittlerweile haben wir Slow Food und Nose to Tail und Biogemüse-Direktvermarkter, selbstverwaltete Einkaufsgemeinschaften, Online-Vertriebe für in allen Belangen einwandfrei erzeugtes Fleisch, Guerilla-Gemüsebeete und Zuchtprojekte für alte Obstsorten. Gut so. Auch die leuchtend gelben, steinharten Früchte, die unsere Großmütter noch eifrig verkochten, uns selbst aber relativ ratlos zurückließen, erfreuen sich zunehmender Beliebtheit.

Die Quitte ist auf jeden Fall slow, weil sie mit Muße verarbeitet werden will, sie ist der Inbegriff von Nose to Tail, weil die gesamte Frucht (inkl. Gehäuse und Kerne) genutzt werden kann. Sie ist eine alte Frucht, die seit ca. 4000 Jahren kultiviert wird. Sie ist die Namensgeberin unserer Marmelade, Süßigkeit und Heilmittel, passt zu Käse und zu Fleisch, und erwischt man die richtige Sorte, kann man sie sogar roh genießen. Ihre Beschaffung ist gar nicht so einfach, außer man besorgt sie bei türkischen Gemüsehändlern, die den gesamten Winter über in ihren Läden leuchtend gelbe Berge auftürmen. Heimische Quitten habe ich noch nie käuflich erworben, was nicht heißt, dass man sie nicht irgendwo für Geld erhält. Ich habe sie geschenkt bekommen oder getauscht – gegen ein paar Gläser rubinroten Quittengelees, das daraus entstand, oder gegen eine Einladung zu einem dampfenden Lammeintopf, dem die Frucht beigemengt war. Beides schmeckt göttlich. Und ja, die Götter haben mit der Quitte auch etwas zu tun – zumindest die griechischen und römischen.

Über die Quitte gibt es also allerhand zu sagen. Finde ich jedenfalls.

„Der Quarz sitzt tief im Bergesschacht,
die Quitte stiehlt man bei der Nacht."

Wilhelm Busch

QUITTENKRIEG Das Exemplar von *Cydonia oblonga*, der Quitte, das in unserem Garten stand, erinnerte eher an einen Strauch denn an einen Baum. Er drückte sich in den Scheitel eines kleinen, spitzwinkeligen Wiesendreiecks zwischen zwei Kieswegen. Hinter dem Quittenbaum stand eine Thuje, die sich mangels Konkurrenz zu einem gewaltigen Gewächs entwickelt hatte. Sie machte Schatten, gemeinsam mit der mächtigen Silbertanne, der riesenhaften Beherrscherin des hinteren Gartenteils. Davor kümmerte die Quitte dahin, deren Stämme schräg nach vorne zur Sonne wuchsen, als wolle sie vor dem lichtraubenden Nadelzeug davonlaufen. Als Kind sammelte ich die grau gefärbten länglich-runden Rindenschuppen, die die Borke immer wieder abwarf. Die Abwurfspuren an den Stämmen waren rötlich-braun, sodass manche Stellen an das Muster von Camouflage-Anzügen erinnerten. Fast konnte man meinen, die Quitte rüste sich in ihrem getarnten Stammeskleid zum lebenslangen Guerillakampf gegen ihre übermächtigen Baum-Konkurrenten.

Und zweimal im Jahr schien sie in diesen Gefechten auch die Oberhand zu gewinnen.

Einmal im Mai oder Juni – da brachte sie für relativ kurze Zeit Blüten hervor, die nicht nur mich immer von Neuem in Staunen versetzten: Es erschienen einzelne, spitz nach oben ragende Knospen. Wenn sich die pelzigen Kelchblätter öffneten, saßen darüber kleine, weißrosa gefärbte, noch geschlossene Blüten, die an die Form von russischen Zwiebelkirchtürmchen erinnerten und in elegant gedrehten rosa Rippchen zur Spitze hin nach oben verliefen. Auch die offenen Blüten waren zart rosa angehaucht, als würden sie sich ein bisschen dafür genieren, plötzlich aus dem Schatten zu treten und alle Blicke auf sich zu ziehen. Schamesröte quasi, aber sehr hübsch.

Ihren zweiten großen Auftritt hatte die Quitte im Herbst: Einige der Blüten (längst nicht alle, dazu war der Baum-Strauch vermutlich zu alt) verwandelten sich in riesenhafte, leuchtend gelbe Früchte. Es war ein Wunder, dass die Äste die kleinen Ungetüme tragen konnten, denn manche davon wogen sicher fast ein halbes Kilogramm. Spätere Nachforschungen ließen mich vermuten, dass es sich um die Sorte Bereczki gehandelt hatte, eine ursprünglich aus Ungarn stammende Birnenquitte.

Die Zeit der Quittenreife war nicht nur der jeweils zweite Triumph des verkorksten Quittenbaumes über seine mächtigen Nachbarn, es war auch die Zeit des Kampfes zwischen meiner Mutter und meiner Großmutter. Die beiden waren nicht gerade ein Herz und eine Seele, lebten aber seit Jahrzehnten unter einem Dach. Meine Mutter hatte sich in den Anfängen ihrer Ehe in mühevoller Kleinarbeit und einigen Scharmützeln die Küchenoberhoheit erobert. Es hatte sich eine Art Zeitplan für die Küchenbenützung entwickelt, der Schwiegermutter und Schwiegertochter halbwegs friedvoll nebeneinander herkochen ließ. Im Herbst aber, zur Zeit der Quittenreife, gab es einige Tage, an denen meine Mutter zähneknirschend das Küchenfeld räumte und sich in die Schutzzone (sprich: ihre zwei Zimmer des großen Hauses) zurückzog. Quittenalarm! Meine Großmutter hingegen zog zu Felde: Sie bewaffnete sich mit großen Kübeln, stellte diese unter den Baum und wies uns an, die Quitten einzusammeln. Weiters wanderte ein Lavoir (meine Großmutter nannte das so und nicht etwa „Schaffl" oder Zuber) aus Plastik in die Küche, von dem niemand wusste, wo sie es das Jahr über aufbewahrte – wahrscheinlich an einem geheimen Ort des Hauses, weil sie die widerrechtliche Entwendung des für sie unersetzlichen Utensils durch meine Mutter fürchtete. Und es wurde ein „Stockerl" herbeigeschafft, ein Holzschemel also, der meine Großmutter, die damals schon über achtzig war, an Alter eindeutig übertraf. Auf dem Schemel saß niemand mehr, er tauchte ebenfalls nur einmal im Jahr auf – in Zusammenhang mit den Quitten. Lavoir und Schemel passten insofern zusammen, als der Schemel mit der Sitzfläche nach unten neben den Herd gestellt wurde und das Lavoir auf die umgedrehte Sitzfläche zwischen die in die Luft ragenden Beine des Schemels. Da passte es nämlich exakt hinein. Diese Skulptur harrte nun ihrer Vollendung.

In der Zwischenzeit hatten wir die Quitten-Kübel in die Küche geschleppt – zwei bis drei davon schaffte der alte Baum-Strauch immer noch – und meine Mutter hatte sich vollends unsichtbar gemacht.

Die Großmutter wusch die Früchte und rubbelte den flauschigen Pelz von der Quittenhaut. Dann machte sie es sich am Küchentisch gemütlich und schnitt die riesenhaften Gebilde in Stücke. Ich muss gestehen, dass ich während der nun folgenden, die Quitten betreffenden Arbeitsphasen entweder

a) noch zu klein war, um sie heute genau wiedergeben zu können, oder

b) – in späteren Jahren – nicht ununterbrochen anwesend war.

Ich versuche dennoch, den Vorgang zu rekonstruieren: Die Quittenstücke, daran erinnere ich mich, wurden nicht geschält. Auch die Kerngehäuse blieben dran, was, wie ich später erfuhr, gut war für das, was nun mit den Quitten passierte: Sie wurden gekocht, etwa auf Apfelkompottkonsistenz. Inzwischen komplettierte meine Großmutter die Schemelskulptur, indem sie eine Baumwollwindel (vermutlich aus meiner Kinderzeit) unter Zuhilfenahme mehrerer Reißnägel über die in die Luft ragenden Schemelbeine spannte.

Soweit ich mich erinnern kann, kippte sie die gekochten Quitten in Tranchen in die Windel, die sich gefährlich nach unten wölbte. So blieb das eine Zeitlang. Die Flüssigkeit tropfte in das Lavoir darunter und wurde später zu Gelee verarbeitet.

Die abgetropften Quitten wurden passiert (ob mithilfe einer Flotten Lotte oder nur durch ein Sieb gestrichen, weiß ich heute nicht mehr). Der Baz (die passierten Früchte) wiederum landete gemeinsam mit Zucker in einem Topf, wurde gekocht, anschließend in ca. 1,5 cm hohen, runden Fladen auf Butterbrotpapier gestrichen und in dieser Form getrocknet. Das war der berühmte Quittenkäse (bei uns übrigens „Kittenkäs" ausgesprochen).

Ich habe keine Ahnung, wo die Fladen trockneten, wahrscheinlich irgendwo im großmütterlichen Teil des Hauses, den meine Mutter so gut wie nie betrat.

Meine Großmutter jedenfalls zog nach getaner Arbeit aus der Küche ab (samt Schemel, Lavoir und Windel) und hinterließ das, was meine Mutter als Schlachtfeld bezeichnete. Ganz so schlimm war es wohl nicht, denn meine Großmutter putzte die Küche, so weit sie es konnte. Sie sah nur nicht mehr so gut wie früher, also war „sauber", was immer sie für sauber hielt. Wenn man die Küche betrat, klebten die Unterseiten der Holzpantoffeln, die wir damals alle trugen, jedenfalls am Bodenbelag fest und erzeugten beim Gehen Schmatzgeräusche. Das war der Zeitpunkt, zu dem meine Mutter wieder auf den Plan trat und sich schimpfend an die Endreinigung der Küche machte. So ging das Jahr für Jahr.

Die Quittenfladen blieben eine Zeitlang verschwunden. Dann tauchten sie wieder auf, fein säuberlich zu hohen Torten gestapelt, jeweils getrennt durch knisterndes Zellophan. Die Konsistenz der Fladen war körnig-weich, später körnig-zäh, was ich besonders mochte. Vor dem Servieren wurden die süßen Fladen in „Stangerl" geschnitten und neben anderen Mehlspeisen zur Kaffeejause serviert – zumindest wenn Großmutters betagte Freundinnen zu Besuch kamen. Als diese nach und nach ausblieben und meine Großmutter als Einzige der Runde noch am Leben war, gab es auch keinen „Kittenkäs" mehr. Schade.

Meine Großmutter starb im hohen Alter von 104 Jahren und nahm das Quittenkäse-Rezept mit ins Grab. Meine Versuche, die Köstlichkeit in exakt der Konsistenz und Körnigkeit nachzukochen, die der Quittenkäse meiner Kindheit gehabt hatte, scheiterten kläglich. Vermutlich weil es auch den krakeligen Quittenbaum-Strauch nicht mehr gibt. Und nicht den Schemel, nicht die Windel und das Lavoir schon gar nicht.

EIN PAAR DATEN UND FAKTEN Nasreddin Hoca, eine bekannte humoristische Figur des gesamten islamischen Raumes, hatte den Plan, seinen anatolischen Heimatort zu retten, als der Tatarenherrscher Tamerlan mit seinen Truppen das Land eroberte. Er wollte den Herrscher mit einem Geschenk beschwichtigen und fragte seine Frau um Rat, was als Gabe besser geeignet sei: Feigen oder Quitten. Seine Frau empfahl ihm Quitten, sie seien schöner, größer und würden mehr Aufmerksamkeit erregen.

Nasreddin dachte bei sich, dass ein guter Rat wohl eine gute Sache sei, aber der Rat einer Frau nicht unbedingt ein guter Rat. Und er brachte Tamerlan Feigen. Auf Knien und mit kahlem Haupt, wie man sich einem Tatarenherrscher eben zu nähern hatte, überreichte Nasreddin die Früchte. Tamerlan aber nahm sie und warf sie dem Überbringer einzeln an den Kopf.

Jedes Mal, wenn ihn eine Frucht traf, pries Nasreddin Allah. Natürlich wurde Tamerlan neugierig und fragte, warum Nasreddin bei jedem Treffer „Allah sei gelobt!" rufe.

Nasreddin antwortete, er preise Allah, weil er den Rat seiner Frau nicht befolgt habe, Tamerlan Quitten als Geschenk zu bringen. Hätte er das getan, wäre sein Kopf nun arg zerschlagen, was, und das verpackte Nasreddin für den Herrscher in einer Fabel, einmal mehr ein Beweis dafür sei, dass weich besser sei als hart.

Der Tatarenherrscher verstand die Moral, zeigte ein weiches Herz und verschonte Nasreddins Heimatort. Wir lernen aus der Geschichte, dass Nasreddin nicht viel von Frauen hielt und die Quitte eine äußerst harte Frucht ist. *Ayva* wird sie in Nasreddin Hocas türkischer Heimat genannt; da sie mittlerweile weltweit vorkommt, hat sie in vielen Sprachen Namen:

ajva (Russisch), *ayva* (Türkisch), *beh* (Farsi), *birs* (Ungarisch), *coing* (Französisch), *cotogna* (Italienisch), *dunja* (Serbisch, Kroatisch), *ftua* (Albanisch), *gutule* (Rumänisch), *kydoni* (Griechisch), *kvaede* (Dänisch), *kvitteni* (Finnisch), *kvitten* (Schwedisch), *kwee* (Niederländisch), *quince* (Englisch), *marmelo* (Portugiesisch), *marumero* (Japanisch), *membrillo* (Spanisch), *safargel/safarjal* (Arabisch).

Die Quitte gehört zur Familie der Rosengewächse *(Rosaceae)* und zur Unterfamilie der Apfelartigen *(Maloidae)*. Ihr wissenschaftlicher Name lautet *Cydonia oblonga*, verwandte Gattungen sind *Chaenomeles* (Schein- oder Zierquitten) und *Docynia*. In China, Japan und Korea gibt es die Chinesische Quitte *(Pseudecydonia sinensis),* die ebenfalls eng mit *Cydonia oblonga* verwandt ist.

Zum Gattungsnamen *Cydonia* gibt es zwei Theorien: Die eine besagt, er beziehe sich auf die westkretische Stadt Chania (alter Name: *Kydonía*). Dort sollen sich 2000 v.u.Z. die ersten Quittenplantagen befunden haben. Eine andere These bezüglich der Namensgebung lautet, das Wort *kydonía* enthalte *kodý*, einen aus Kleinasien stammenden älteren Namen der Frucht. Das Adjektiv *oblongus* bedeutet länglich.

Im Deutschen bzw. in deutschen Dialekten hat die Quitte Bezeichnungen, die entweder auf ihre Herkunft (Chüttene, Kido, Kitte, Kötte, Kretischer Apfel, Kütte, Kydonischer Apfel, Quitte, Quittich), ihre Gestalt (Baumwollapfel), ihre Wirkung (Schabebire, Schabeöpfel, Schmeckbirne) oder ihre mythologische Bedeutung (Adonisapfel, Hesperiden-Apfel, Venusapfel) schließen lassen.

Die Quitte ist eine migrationsfreudige Frucht, was vielleicht auch mit ihrer Lagerfähigkeit und jener der aus ihr erzeugten Produkte zu tun hat. Vermutlich stammt die Quitte aus dem Gebiet südlich des Kaukasus. Vom Iran und Armenien über Kleinasien (die heutige Türkei) verbreitete sie sich Richtung Westen nach Griechenland, wo auf der Insel Kreta vor ca. 4000 Jahren die ersten Kulturplantagen errichtet wurden. Mit den Römern reisten die „Kretischen Äpfel" weiter bis nach Großbritannien.

Der Karolingerherrscher Karl der Große empfahl die *cotoniarios* (abgeleitet aus der lateinischen Bezeichnung *malum cotoneum*, Baumwollapfel, den die Römer benutzten) in seiner Landgüterverodnung *Capitulare de villis* zum Anbau und machte sie damit in Mitteleuropa bekannt.

Die Quitte wanderte vom Kaukasus aus auch Richtung Süden. In Mesopotamien, also zwischen den Flüssen Euphrat und Tigris im heutigen Irak, sollen die Früchte ab 1000 v.u.Z. angebaut worden sein.

Über Nordafrika kam die Quitte nach Portugal, wo sie zur Namensgebung unserer Marmelade beitrug (*marmelo* lautet das portugiesische Wort für Quitte).

Nach Indien und China könnte die Quitte mit den Handelskarawanen der Seidenstraße gekommen sein, nach Japan gelangte sie mit den Portugiesen über den Seeweg. Die Seefahrer führten aber nicht nur Pflanzen mit sich, sondern auch in Wein oder Honig eingelegte Quitten als probates Mittel gegen Skorbut. Auch in Südafrika finden sich Quittenbäume, die wohl per Schiff dorthin gelangten, unter Umständen mit einer Zwischenstation auf den Kanarischen Inseln, auf denen es ebenfalls Quittenbäume gibt.

Die Quitte sowie deren Samen und Pflanzen reisten mit der Mayflower der Pilgerväter von England nach Nordamerika, wo sie – im Gegensatz zu Europa – gehegt, gepflegt und weiter gezüchtet wurden. Die Engländer brachten sie auch nach Australien. In Südamerika landete die Quitte mit den Spaniern und Portugiesen. Heute wachsen Quittenbäume auf allen fünf Kontinenten, sogar in Gegenden mit extrem kalten Wintern, bis zu 1300 m Seehöhe oder auch in marokkanischen Wüstenoasen.

Die Wuchsform der Quitte ist strauchförmig, oft hat sie mehrere Stämme. Sie wird bis zu 8 m hoch (durchschnittlich ca. 3 m), die Krone insgesamt bis zu 7 m breit. Die Quitte wurzelt flach, die Wurzeln dehnen sich etwa in Kronenbreite aus. Die graubraune Rinde des Baumes wird mit zunehmendem Alter schuppig und blättert ab. Die Blätter eines einzigen Baumes können unterschiedlich geformt sein (eiförmig, umgekehrt eiförmig, elliptisch, rundlich, lanzettförmig), sind jedoch stets ganzrandig und wechselständig (sie wachsen am Ast nicht genau gegenüber, sondern versetzt). Junges Laub ist weißlichgrau-wollig behaart, ältere Blätter tragen nur an der Unterseite „Haarkleid".

Die Blüten der Quitte stehen stets einzeln, nicht in Büscheln, Blatt- und Blütenknospen lassen sich erst nicht unterscheiden. Die Blüten selbst werden relativ groß, haben je 5 Kelch-, Blüten- und Fruchtblätter sowie 15 bis 25 Staubblätter und 5 Stempel. Die Blütenblätter sind als Knospe links- oder rechtsdrehend gewunden und variieren von weiß bis rosa. Je nach Sorte können die Blütenblätter ihre Farbe wechseln (von Rosa zu Weiß) oder behalten. Die Quitte blüht ab Ende April (also eher spät, nach Apfel- und Birnbäumen), ist dadurch relativ wenig frostgefährdet und bietet eine hervorragende Bienenweide.

Schaden kann der Quitte eigentlich nur der Feuerbrand *(Erwinia amylovora)*. Blätter und Blüten verfärben sich rasch braun oder schwarz und verwelken, junge Triebe biegen sich hakenmäßig nach unten und verdorren (daher der Name der bakteriellen Infektion). Befallene Obstkulturen müssen meist gerodet werden.

Die Bäume sind zu einem überwiegenden Teil selbstfruchtbar, obwohl einige Sorten als selbststeril gelten, was bedeutet, dass sie einen zweiten Baum einer anderen Sorte benötigen, um befruchtet zu werden.

Ab dem dritten Jahr trägt die Quitte Früchte, die sortenspezifisch bis zu 2 kg (!) erreichen können, üblicherweise hat eine Frucht 200 bis 600 g. Auch die Frucht trägt Pelz (zumindest im jungen Stadium), manche Sorten verlieren ihn bis zur Reife. Der Flaum gilt als Sonnen- und Verdunstungsschutz. Die Schale der Quitten ist grünlich- bis leuchtend gelb, reibt man den Flaum ab, kann sie ölig oder seidig glänzen. Das Fruchtfleisch ist weiß bis dunkelgelb, stärker oder weniger stark gekörnt und, abhängig von Sorte, Standort und Witterung, saftig bis trocken. Das Kerngehäuse der Frucht hat 5 Kammern, in denen sich bis zu 12 doppelreihig angeordnete Samen befinden. Manchmal sind diese Samen durch eine eingetrocknete Schleimschicht fest miteinander verklebt.

Die Quitte liebt luftige und sonnige Standorte mit ausreichend Abstand zu den Nachbarbäumen. Der Boden sollte gut durchlüftet sein, locker, nährstoffreich und mäßig feucht. Gepflanzt wird im Herbst (Oktober bis November), in kälteren Gegenden im Frühling (März bis April), in ausreichendem Abstand von den Nachbarbäumen.

Die Erntezeit der Quitten beginnt in unseren Breitengraden meist Mitte September, jedenfalls vor dem ersten Frost, wobei eine Nacht oder zwei Nächte mit geringen Frosttemperaturen aromaverstärkend wirken können.

Die Früchte sind bei entsprechender Lagerung (0 bis 5 °C, 80 bis 85% Luftfeuchtigkeit, locker gelegt, möglichst in Regalen) bis zu 6 Monate haltbar. Sie sollten allerdings getrennt von anderen Obstsorten aufbewahrt werden, weil sich ihr Duft sehr stark überträgt (auch im Kühlschrank!). Rohe Quitten im Ganzen oder auch Quittenspalten halten sich auch, wenn sie in Honig eingelegt werden. Sie sollten vollständig mit Honig bedeckt sein und im Kühlschrank aufbewahrt werden. Der Honig nimmt das Quittenaroma an und schmeckt köstlich. Bei uns kennt man die Sortengruppen Apfel- und Birnenquitten, die ihren Namen von der Form ihrer Früchte herleiten. Apfelquitten gelten als aromatischer, sind aber härter im Fruchtfleisch und etwas schwieriger zu verarbeiten. Birnenquitten gelten als weicher und milder.

Unter den beiden Sammelbegriffen Apfel- und Birnenquitten vereinen sich tatsächlich ca. 700 Sorten (die Zahlen variieren von 200 bis zu 1000). Es lohnt sich sicher, in einer Baumschule nach einer für den jeweiligen Standort günstigen Sorte zu suchen.

Auch Zierquitten (Japanische Scheinquitte, *Chaenomeles japonica*; Chinesische Scheinquitte, *Chaenomeles speciosa*) tragen Früchte, die wie ihre „großen Schwestern" verarbeitet werden können. Die Chinesische Quitte *(Pseudecydonia sinensis)* unterscheidet sich von ihrer engen Verwandten *Cydonia oblonga* vor allem dadurch, dass ihre Blätter einen gesägten Rand aufweisen. Chinesische Quitten werden ebenfalls kulinarisch verwertet.

„They dined on mince, and slices of quince
Which they ate with a runcible spoon;
And hand in hand, on the edge of the sand,
They danced by the light of the moon."

Edward Lear

DIE QUITTE – EIN GEDICHT. ODER: WAS QUITTE UND EROS MITEINANDER ZU TUN HABEN Die Quitte ist eine lyrische Frucht. Auf den ersten Blick scheint sie tatsächlich dazu gemacht, symbolhaft samtig-weiche Gefühlswallungen auszudrücken. Samtig ist nämlich auch ihre Haut, zumindest wenn die Frucht flaumbedeckt und leuchtend gelb direkt vom Baum kommt. Auch ihr Duft verspricht Genuss: „Viele Küsse und Bisse, ein Schlürfen und Schmatzen (…)" (Michael Donhauser, Die Quitte).

Ganz anders als der Duft der Quitte ist ihre Konsistenz: Steinhart kommt sie daher, seltsam griesig ist ihre Textur (wegen der Steinzellen) und säuerlich der Geschmack ihres Fleisches bei rohem Genuss. Was nicht heißt, dass sie in rohem Zustand gänzlich ungenießbar wäre: Sind die Quitten ganz reif, haben sie auch pur etwas Reizvolles. Saugt man die spärliche Flüssigkeit aus dem faserigen Quittenschnitz, scheint man an einen ganzen Obstkorb erinnert. Man meint Bananen zu schmecken, Kiwis, Maracuja, sogar Ananas – viel Exotik also, die in dem gelben, knolligen Gebilde steckt, obgleich mit herb-adstringierendem Abgang (Tannin). Ganz anders jedenfalls als der wollige (jawohl, wollig!), an honigsüße Zitronen oder Limetten erinnernde Duft, der ihr entströmt. Er ist auch der Grund dafür, dass die Früchte auf Wäscheschränken lager(te)n. Eine einzelne Quitte schafft es locker, einen ganzen Raum zu aromatisieren, was im Spätherbst und Frühwinter zu sentimental-sommerlichen Sehnsuchtsanfällen führen kann. Ich sagte es schon: Die Quitte ist eine lyrische Frucht. Vielleicht wird sie auch deswegen poetisch arg und nicht immer glücklich hergenommen, weil sie sich so schön reimt: Quitte, Bitte, Dritte zum Beispiel – in Schillers „Bürgschaft" kommt sie trotzdem nicht vor.

Die Sache mit dem betörenden Duft und der goldgelben Farbe der Quitte mag einer der Schlüssel zu ihrer mythologischen Bedeutung sein. Sie galt als Symbol des Glücks, der Freude, der Liebe und der Fruchtbarkeit.

Schon der goldene Apfel, den der trojanische Königssohn Paris der schönsten unter den drei eitlen Göttinnen Hera, Athene und Aphrodite reichen sollte, war angeblich eine Quitte (oder ein Granatapfel, so genau lässt sich das nicht mehr eruieren), wobei zwischen Apfel und Quitte nicht scharf unterschieden wurde. Als Symbol der Liebe taucht der Kydonische Apfel in der griechischen Dichtkunst nicht nur einmal auf.

Frühling ward es und wieder blüht
Vom sanftströmenden Bach getränkt
Der Kydonische Apfelbaum,
Wo jungfräulicher Nymphen Schaar
Tief im Dunkel des Haines spielt
Und die Blüte der Rebe schwillt
Unter schattendem Weinlaub.

Doch nicht achtet der lieblichen
Jahrszeit Eros und läßt mich ruh'n,
Nein, wie thrakischer Wintersturm
Widerleuchtend von Blitzesschein
Fällt er, Kyprias wilder Sohn,
Mit blindsengender Wuth mich an
Und erschüttert gewaltsam mir
Die Grundfesten des Herzens.

So tönt es im „Frühlingsgesang" des Ibykos etwa 550 v.u.Z. Da steht er also, der Kydonische Apfelbaum im Garten der Nymphen. Gemeint ist der Garten der Hesperiden, in dem der sagenhafte Baum wuchs, dessen goldene Früchte ewige Jugend verleihen sollen.

Die Geschichte um die Äpfel der Hesperiden taucht in den Taten des Helden Herakles auf und ist wirklich skurril. In der Kurzform lautet sie so: Herakles hatte Schuld auf sich geladen, weil er seine Gattin und seine drei Kinder erschlagen hatte (im Wahnsinn, muss dazugesagt werden, der ihm von Hera angezaubert worden war). Herakles fragte nun beim Orakel von Delphi nach, wie er sich von der Schuld befreien könne. Das Orakel meinte, er müsse sich in den Dienst des König Eurystheus von Mykene stellen. Zwölf Arbeiten hatte Herakles für den König zu verrichten, die elfte davon bestand darin, dem König die Äpfel der Hesperiden zu bringen.

Diese hingen an einem Baum in einem Garten, der irgendwo weit im Atlasgebirge in Marokko angesiedelt wird. Die Erdgöttin Gaia hatte den Baum Hera zur Vermählung mit Zeus geschenkt. Und weil man Hera nicht einfach irgendeinen Apfelbaum schenkt, bargen die Früchte die ewige Jugend. Das Untier Ladon, das ein Drache oder eine Schlange war, jedenfalls aber nie schlief, bewachte den Baum, vermutlich gemeinsam mit den Hesperiden.

Herakles hatte erfahren, dass es ratsam war, die Äpfel nicht selbst zu holen (weil Ungeheuer, also Lebensgefahr): Atlas, der (im marokkanischen Atlasgebirge) mit dem Tragen der Himmelsachse beschäftigt und gleichzeitig der Vater der Hesperiden war, sollte das für ihn erledigen. Atlas willigte ein, aber nur, weil er dadurch die Möglichkeit sah, Herakles die Himmelsachse aufzuladen (und sie ihm dann nicht wieder abzunehmen). Herakles schulterte also das Firmament, Atlas holte die Äpfel. Herakles meinte dann, er würde sich noch gerne sein Schulterkissen zurechtrücken, damit ihm das zukünftige Tragen erleichtert würde, Atlas solle ihn so lange ablösen. Der willigte ein, legte die Äpfel auf den Boden und lud sich die Himmelsachse wieder auf. Und weg war Herakles mitsamt den Äpfeln.

Es gibt auch Quellen, die berichten, Herakles habe die Äpfel selbst geholt, aber die Geschichte mit dem genarrten Atlas ist um einiges hübscher. Und diese Äpfel waren nun Quitten.

Die Hesperiden sind durch ihren Namen mit dem Abendstern verbunden (Hesperos), der wiederum der Stern der Aphrodite ist (eine der Nymphen trägt im Übrigen auch den Namen Hesperia, was so viel bedeutet wie „die Abendliche"). Auch für die Römer, die über die

Griechen in den Besitz von Quitten kamen, gehörten die Nacht und die gelben Früchte zusammen: Sie legten diese vor die Bildsäulen der Nachtgottheiten – und in die Empfangszimmer der Männer, die nächtens sicher einiges taten, was Aphrodite – pardon – Venus als Göttin der Liebe gerne sah. Venus ist bei uns im Übrigen als Abendstern bekannt. Der Morgenstern ist ebenfalls die Venus, die alten Griechen unterschieden aber noch in Hesperos (Abendstern) und Phosphoros (Morgenstern). Die Verbindung der Quitte zur Nacht besingt auch die griechische Dichterin Sappho (7./6. Jahrhundert v.u.Z.):

Vor der hellen Scheibe des Mondes bergen
Wieder ihren leuchtenden Glanz die Sterne,
Wenn er voll im silbernen Lichte strahlet
Ueber den Erdenkreis.

Es plätschert
Durch die Quittenzweige das heil'ge kühle
Wasser, und beim Beben der Blätter fließet
Schlummer hernieder.

Die Liebesgöttin Aphrodite jedenfalls verwendete die goldenen Quittenäpfel auch dazu, dem Jüngling Hippomenes zu seiner Gattin Atalante zu verhelfen. Atalante war eine heiß begehrte jungfräuliche Jägerin, die ihre zahlreichen Verehrer zum Wettlauf aufforderte. Alle verloren – und wurden von Atalante umgebracht. Hippomenes bekam von Aphrodite drei goldene Äpfel und den Rat, sie während des Wettlaufs fallen zu lassen. Atalante bückte sich danach und verlor Zeit. Hippomenes gewann das Rennen und die schöne Atalante.

Wie man es dreht und wendet: Die goldenen Quittenäpfel und die Liebe gehören zusammen. Auch in der jüdischen und christlichen Kultur: Als „Liebesäpfel" geistern

Quitten nämlich durch das Alte Testament (1. Mose 30, 14–15) und spielen auch eine gar nicht so unbedeutende Rolle bei der Entstehung der Stämme Israels: Jakob gilt als einer der Erzväter der Israeliten. Aus seinen zwölf Söhnen gingen die zwölf Stämme Israels hervor. Die Söhne musste er aber erst einmal zeugen, und auch dabei half die Quitte.

Jakob diente bei Laban, dem Bruder seiner Mutter Rebekka. Der hatte zwei Töchter, Rahel und Lea. Jakob wollte Rahel heiraten, aber Laban sorgte dafür, dass Jakob erst Lea heiratete. Damit erzwang er von Jakob eine weitere siebenjährige Dienstzeit. Lea gebar Jakob vier Söhne. Rahel wurde vorerst nicht schwanger, was als großes Unglück galt. Selbstlos schickte sie nun Jakob zu ihrer Magd Bilha, die Jakob (und damit Rahel) zwei Söhne gebar. Lea war verstimmt, weil nun Rahel bei Jakob die Zügel in der Hand hatte. Außerdem konnte sie selbst in der Zwischenzeit auch keine Kinder mehr bekommen, deshalb führte sie Jakob zu ihrer Magd Spilha. Auch diese gebar Jakob zwei Söhne. Fehlen aber immer noch vier auf das runde Dutzend. Und jetzt kommen die Quitten ins Spiel: Ruben, der erstgeborene Sohn Leas, spazierte aufs Feld hinaus und fand – Liebesäpfel. Er brachte sie heim zu seiner Mutter und Rahel wollte einen Teil davon haben. Lea aber wollte sie ihr nicht geben. Sie war der Meinung, Rahel habe ihr schon den Mann genommen, da brauche sie nicht auch noch die Liebesäpfel ihres Sohnes. Rahel wollte die Äpfel aber so sehr, dass sie der Schwester Jakob dafür wieder überließ. So hatte Rahel die Äpfel und Lea gebar Jakob nach dieser Nacht (und einigen danach) noch zwei Söhne (und eine Tochter). Dann aber plagte Jakob das schlechte Gewissen und er ging wieder zu Rahel – und siehe da: Auch Rahel bekam auf ihre alten Tage noch zwei Söhne. Das Dutzend ist voll und die Israeliten haben ihre zwölf Stammväter.

Die Quitte fand ihren Weg auch auf christliche Bilddarstellungen der Mutter Maria oder des Jesuskindes. In der christlichen Symbolik sind Apfel, Quitte und Granatapfel ebenfalls nicht exakt zu unterscheiden.

Göttliche Liebe oder irdische: Die Quitte enthält nachweislich keine als aphrodisierend geltenden Substanzen. Trotz allem existierte unter dem griechischen Staatsmann Solon angeblich ein Gesetz, wonach eine Braut ein Stück Quitte zu kauen habe, bevor sie sich dem Bräutigam nähere. Diese „Pflicht" könnte viel eher damit zu tun gehabt haben, dass man die Frucht lange Zeit zur Linderung von Mundgeruch verwendete. Oder dass man schon damals der Meinung war, ihr Verzehr sorge für schöne, kluge, fleißige und „sinnreiche" Kinder, woran man zumindest bis ins 18. Jahrhundert glaubte.

Die Quitte als Sinnbild der Liebe, Fruchtbarkeit und Sexualität hielt sich hartnäckig. Noch im viktorianischen England brachte der Mann der Frau eine Quitte (oder Quittenkonfekt, das übrigens auch J. W. v. Goethe sehr liebte) als Geschenk, wenn er ernste Absichten hegte. In einigen südosteuropäischen Ländern findet man Quitten (oder mit ihnen hergestellte Speisen) noch immer auf der Hochzeitstafel. Außerdem versprachen die Quitten reichen Kindersegen, den man auf die große Anzahl ihrer Kerne zurückführte. In dieser Hinsicht wird die Quitte allerdings vom Granatapfel geschlagen, dem man Gleiches nachsagte.

Irgendwie wird die Quitte ihre luststeigernde Aura einfach nicht los. Man muss ja nicht roh hineinbeißen, auch gekocht ist sie in dieser Hinsicht nicht zu verachten: „Das *Aroma* der Quitte ist einfach himmlisch, wenn nicht sphärisch, wenn nicht schönen Liedern aus besseren Zeiten gleichend, wenn nicht im Wert den Worten der *Bibel* die Hände reichend. Ein Löffel Quittenkompott ist wie ein Schaumbad in siebentausend süßen Sünden, er ist ein betörendes Gift, ein Aphrodisiakum (…), ein Glas Quittensaft, welchen manche Bioläden anbieten, läßt einen wie einen eleganten Panther durch die Straßen gehen, mein Blick wird verlangend, die Nüstern beben, und die Augen der Frauen in der U-Bahn scheinen zu sagen: Besorg's mir, sonderbarer Herr, besorg's mir, aber nicht mit einem Quittenartikel, sondern ‚in alter Manier', du weißt schon, was ich meine, sonderbarer Herr." So Max Goldt in seinem wunderbaren Text „Quitten für die Menschen zwischen Emden und Zittau". Darin findet sich auch ein Quittenwitz, so weit Max Goldt und mir bekannt, der einzige seiner Gattung: „Ein Mann kommt zum Obsthändler und sagt: Ich hätte gern einen Doppelzentner Quitten. (Das war jetzt noch nicht der ganze Witz, wenn auch schon ziemlich komisch: Was will der Mann mit derartig vielen Quitten? Und wie will er die denn ganz allein tragen? Aber weiter im Witz.) Der Obsthändler packt ihm darauf die Quitten ein. (Auch wieder witzig: Welcher Obsthändler hat denn schon so große Tüten?) Der Mann zahlt und fragt den Händler: Kann ich bitte eine Quittung haben? (Ende des Witzes.)" Ich finde den Witz lustig.

Zum Thema Quitte und sexuelle Lust gehört eigentlich auch Peter Paul Rubens. Die unteren Rückseiten seiner unbekleideten weiblichen Figuren wurden mit den Formen der Quitte verglichen. Und tatsächlich: Quitten zeichnen sich durch eine feste Oberfläche aus, die unregelmäßig eingedellt und ausgewölbt ist – wie Rubens'sche Hinterteile. Die sind auch muskulös, fleischig und gedellt. Ein Blick auf „Die drei Grazien" (von 1639 aus dem Prado in Madrid) zeigt es, oder auf „Das Urteil des Paris" (vor allem die beiden Versionen des Motivs von 1636 in der Gemäldegalerie in Dresden und in der Londoner National Gallery). Auf Letzterem wäre dann auch der „goldene Apfel" zu sehen, der, wie wir wissen, schließlich mit dem Trojanischen Krieg riesengroßes Unheil stiftete.

An dieser Stelle sei noch ein kleiner Exkurs darüber erlaubt, wie der vermaledeite goldene Apfel überhaupt in die Runde der Göttinnen gelangt war: Die ganze Sache spielte sich während der Hochzeit von Peleus und Thetis ab, welche später die Eltern des Achill wurden. Eris, die Göttin der Zwietracht und des Streites, war dazu nicht eingeladen worden, was sie ordentlich ärgerte. Sie kam trotzdem und warf einen goldenen Apfel in die Menge. Er trug die Aufschrift: „Der Schönsten". Daraufhin entstand eben jener Streit zwischen Aphrodite, Hera und Pallas Athene, den Paris mit seinem Urteil beenden sollte (übrigens auf Geheiß des Zeus, der vermutlich zu feige war, es selbst zu tun). Der sprichwörtliche „Zankapfel" war also vermutlich eine „Zankquitte". Ob Athene und Hera vor Neid quittengelb wurden, als sich Paris für Aphrodite entschied? Könnte durchaus sein.

„Es geben die Quitten nicht allein einen angenehmen lieblichen Geruch (…), sondern sie dienen auch zur Speise und Artzney."

Johann Heinrich Zedler, Grosses vollständiges Universal-Lexicon aller Wissenschafften und Künste

QUITTEN KANN MAN AUCH ESSEN. ODER: VOM BISS IN DEN SAUREN APFEL ZUM HEILMITTEL. Wie bereits erwähnt bewacht das Schlangen- oder Drachenwesen Ladon den paradiesischen Garten der Hesperiden mitsamt dem Baum und den Unsterblichkeit verleihenden goldenen Quittenäpfeln. Wirklich gegessen werden die Quitten bei den alten Griechen der Sagenwelt nicht, es bleibt bei symbolhaften

Handlungen (werfen und Zwietracht säen, überreichen und den Trojanischen Krieg auslösen).

Im Christentum geht man da schon etwas handfester an die Sache heran. Da wird tatsächlich in den sauren Apfel gebissen – aber mit welchen Folgen! Ein dem Garten der Hesperiden ähnliches Setting findet man im christlichen Paradiesgarten. Dort „bewacht" der als Schlange verkleidete Teufel den Baum der Erkenntnis, nur verteidigt er dessen Früchte nicht, sondern verführt Eva und Adam dazu, doch davon zu kosten. Es gibt unterschiedliche Ansichten, welche Früchte an dem Baum hingen: Waren es Feigen, Trauben, Äpfel – oder gar Quitten? In der Bibel wird die Obstsorte nicht genau genannt. Die Schlange jedenfalls verspricht Eva und Adam gottgleiche Erkenntnis, würden sie von der verbotenen Frucht naschen. Sie tun es und erkennen: dass sie nackt sind – und sterblich. Vorbei ist es also mit der Aussicht auf ewiges Leben. Wie wir alle wissen, führte der Biss in den (sauren) Apfel zum Verlust des Paradieses. So wird *malum*, der Apfel, zum Symbol von *malum*, dem Bösen. Bezeichnend ist, dass Eva als Erste verführt wird. Frauen sind nun einmal willensschwach – so steht es in der Bibel und basta.

Verführende Drachen, verlorene Unschuld und Früchte (darunter sehr oft Quitten) sind Motive, die in ähnlichen Konstellationen in mehreren Ländern auftauchen. Zumindest in griechischen, türkischen und albanischen Märchen ist von einem Mädchen die Rede (manchmal ist es eine Königstochter, manchmal einfach der weibliche Teil eines Geschwisterpaares – auch dies an Adam und Eva erinnernd), das eine Liaison mit einem Drachen eingeht und in einem Fall sogar von dem Untier schwanger wird. Damit das nicht bemerkt wird bzw. um die unmoralische und unrechte Verbindung mit dem Drachen zu lösen, muss der männliche Widerpart (ein Königssohn oder der Bruder des Mädchens) dreimal unterschiedliche Früchte bringen: Kirschen, Quitten und Birnen oder Äpfel. Jedes Mal werden die Früchte von Drachen bewacht, jedes Mal löst der Held die Aufgabe. Die der Unzucht mit dem Drachen frönende Frau stirbt am Ende (sie wird vom eigenen Bruder getötet) oder bleibt bis zum Ende ihrer Tage allein. So ist das Leben.

Dass die Quitte heilen kann und deswegen verzehrt wird, gehört auch zu den Motiven in Märchen. In einem aramäischen Märchen haben die drei Söhne eines kranken Mannes die Aufgabe, einen singenden Apfel, eine sprechende Quitte und eine tanzende Birne zu beschaffen, damit der Vater wieder gesund werde. Die Früchte wachsen ebenfalls in einem ganz bestimmten Garten. Der Jüngste nimmt den beschwerlichsten Weg auf sich und bewältigt die Aufgabe. Bei seiner Rückkehr wird er allerdings von den beiden älteren Brüdern überlistet, die den Triumph für sich verbuchen wollen. Am Ende geht aber alles gut aus: Der Vater wird geheilt, den bösen Brüdern verziehen.

Die Heilwirkung der Quitte war bereits in der Antike bekannt und die Frucht scheint, was ihre Inhaltsstoffe betrifft, ein Tausendsassa zu sein. Nicht nur die gesamte Frucht, auch Blätter, Blüten und Holz wurden verarbeitet und dienten der Gesundheit.

Das erste aufgezeichnete „Quittenrezept" stammt von Hippokrates von Kos (460–ca. 370 v.u.Z.) und bezieht sich auf den Schleim, den die Kerne absondern. Er soll Halsentzündungen und Husten lindern. Tatsächlich werden Quittenkerne, behält man sie lange im Mund, seltsam glitschig, und in Wasser eingelegte Quittenkerne, über einen gar nicht so langen Zeitraum stehen gelassen (3 Stunden reichen), entwickeln dicken Schleim. In Ermangelung von Halsschmerzen und Husten während des Verfassens des vorliegenden Büchleins konnte eine Überprüfung der Wirkung im Selbstversuch allerdings nicht durchgeführt werden.

Ob Frauenleiden, Schlafstörungen, Haarausfall, Ruhr, Rheuma, Magenbeschwerden oder Geschwüre – bei allem konnte die Quitte helfen. Johann Heinrich Zedler gibt in seinem Monumentalwerk „Grosses vollständiges Universal-Lexicon aller Wissenschaften und Künste" einen guten Überblick über das seit der Antike bis ins 18. Jahrhundert gesammelte medizinische Wissen rund um die Quitte:

Quittenduft Mehr als 150 flüchtige Verbindungen, die vor allem im Öl der Schale enthalten sind, sorgen für das unvergleichliche Aroma der Quitte. Kein Wunder, dass Zedler angibt, es vernichte „die Kräffte und Eigenschafften aller gifftigen Sachen". Spannend ist, dass die Sassaniden-Könige (3.–7. Jh. n.u.Z.), die über ein riesiges Reich herrschten, das quasi zum Kerngebiet der Quittenverbreitung gehört (heute Iran, Irak, Aserbeidschan, Turkmenistan, Pakistan, Afghanistan), Quitten in Händen hielten – einfach des guten Dufts wegen (und vielleicht aus Angst vor Vergiftungen). Manchmal wurde die Frucht durch runde, wertvolle goldene Gefäße ersetzt, in denen Aromastoffe aufbewahrt werden konnten. Als die Araber das Sassaniden-Reich eroberten, übernahmen sie diesen Brauch und verschenkten Quitten als Zeichen der Macht oder der Wertschätzung. Sie taten das auch bei Amtsübergaben. Könnte der Reichsapfel als Insignie der Macht nicht auch hier (s)einen Ursprung haben?

Die Reichsapfel-Theorie mag gewagt sein; auch dass Quittenduft die Pest abwehren könne, wie bei Zedler zu finden ist, erscheint unwahrscheinlich. Motten hingegen scheinen den Geruch der Quitte zu meiden – eine der Früchte im oder auf dem Kleiderschrank kann also kein Fehler sein.

Quittensaft Dafür, so Zedler, nehme man „gereinigte Quitten so viel beliebig, und kochet sie zur Honig-Dicke". Sowohl dick eingekocht als auch dünnflüssig wirke der Saft schweißtreibend, weiter sei er bei Gallenbeschwerden, Ruhr, Erbrechen, Ekel sowie Gelbsucht förderlich. Roher Quittensaft hingegen helfe gegen Krätze.

Quittenkerne Eines der Zedler'schen Rezepte für Quittenschleim lautet: „Man nimmt Quitten-Kerne, so viel beliebig, zerstosset sie in einem Mörsel gröblich, feuchtet sie mit reinem Brunnen-Wasser an, iedoch fein mäßig, so wird endlich ein Schleim daraus; Selbigen drücket man durch ein Tüchlein, mischet Wachs darunter, daß es eine Salbe werde, so ist es fertig."

Wie schon Hippokrates erwähnt Zedler die kühlende, entzündungshemmende Wirkung des Quittenschleims bei Halsentzündungen, trockenem Mund, bei Brandwunden, Augenentzündungen, aufgesprungenen Lippen und wunden Brustwarzen. Weiters helfe er als Auszug bei Hämorrhoiden („Schmerzen der goldenen Ader"), Ruhr und (innerlich angewendet) bei Nachtschweiß.

Immer wieder stößt man auf den Hinweis, man solle die Quittenkerne nur unzerkleinert zu sich nehmen, weil sie giftiges Amygdalin enthielten. Da es sich dabei aber um Glykosid-Amygdalin handle (und nicht um freies Amygdalin), seien bei maßvollem Verzehr keine negativen Wirkungen zu erwarten, so Monika Schirmer im wohl umfassendsten Buch über „Die Quitte – eine fast vergessene Frucht", das es im deutschsprachigen Raum gibt.

Quittenflaum Von der Frucht abgerieben, getrocknet und zu Pulver vermahlen wirke der Flaum der Quitte gegen Nasenbluten. Dazu müsse er durch einen Federkiel in die Nase geblasen werden. Weiters sei das Quittenflaum-

Pulver bei offenen Wunden angezeigt, aus denen „Glied-Wasser" (vmtl. Gelenksflüssigkeit) austrete. Letzteres werde gestoppt, streue man das Pulver in die Wunde.

Gekochter Quittenflaum wirke außerdem gegen Haarausfall, aber nur gegen jenen, der durch die Venus-Seuche (Syphilis) verursacht werde. Vermutlich haben die dokumentierten bisherigen Versuche, den männlichen Haarwuchs mit Quittenflaum anzuregen, nur deshalb nicht gefruchtet, weil die Ursache des kahlen Hauptes eine andere war.

Quittenwein wird folgendermaßen zubereitet:

„Man reibet die Quitten (bevorzugt eine weiche Sorte) auf einem Reibeisen gantz klar, presset diese auf das beste aus, und lässet den Saft mit etwas Zucker sieden. Hierauf giesset man selbigen so bald er kalt, in ein Glas, das oben einen engen Hals, unten aber guten Raum hat, schüttet oben ein wenig Baum-Oel (Olivenöl) darauf, und vermachet das Glas mit Wachs oder Pech, so lässet sich dergleichen sehr lange aufheben." Mit dieser Essenz wird Wein aromatisiert.

Quittenwein, so Zedler, wirke fiebersenkend, gegen Erbrechen und Durchfall sowie bei Schwäche des Magens und des Herzens. Er vertreibe Schwindel, lindere Hitzewallungen und sei allgemein stärkend. Weiters sei Quittenwein, wie das Quittenflaum-Pulver, bei austretendem „Glied-Wasser" und gegen Wundbrand einzusetzen.

Quittenbrot „Das Quitten-Brod ist nicht nur für Lecker-Mäuler, sondern es hat auch seinen Nutzen in der Artzney: indem es stärcket und anhält, daher es bey dem Erbrechen, der rothen Ruhr und im Durchlauffe mit Nutzen gegeben wird." Quittenbrot (Quittenkäse, siehe Rezept S. 54) ist ein gutes Beispiel dafür, dass Medizin nicht schlecht schmecken muss. Vor allem morgens genossen wirke es magen-stärkend, verdauungs- und appetitanregend.

Quittendestillat Bei gebrannter Quitte wird unter-schieden zwischen „Wasser, so aus den frischen Quitten destilliret wird", angezeigt bei Herz- und Magenschwä-che, Durchfall, Blutspeien und Kopfweh (wenn man ein damit getränktes Tüchlein auf die Stirne legt) so-wie zwischen „faulen Quitten zu Wasser gebrannt" oder faulen (gärenden) Quitten (Letztere passiert), die „kal-ten Brand", also absterbendes Gewebe der Gliedmaßen, stoppen sollen.

Quittenöl „Nehmet zwey Pfund Quitten mit ihren Ker-nen, und drey Pfund Baum-Oel (Olivenöl), lasset beydes mit einander weichen, dann kochet es, bis es alle wässe-rige Feuchtigkeit verrauchet, darauf seiget es durch, und drücket es aus."
Das klingt so weit nicht schwierig. Angeblich – so schreibt Zedler jedenfalls – wird Quittenöl nur äußerlich angewendet. Allerdings soll es die Nieren reinigen und Nierensand und -grieß abführen. Wie das durch Einrei-ben funktionieren soll, bleibt rätselhaft. Quittenöl helfe auch gegen Schwäche und Erbrechen sowie, „den Rück-grad damit gesalbet", gegen übermäßige Schweißausbrü-che. Es wirke kühlend und sei gut für Magen und Leber sowie für die Nerven.

Quittenfleisch, gekocht (und passiert) wird mittels Pflaster auf Bauch und Magen gelegt. Es gilt als durch-fall- und brechreizlindernd sowie magenstärkend.

Quittenfleisch, roh Mit den Blättern des Baumes zer-stoßenes Quittenfleisch könne, glaubt man dem „Gros-sen Universal-Lexicon", Karbunkel (Eiterbeulen) heilen, wenn auf selbige aufgetragen. Auf diese Weise könnten auch Pestbeulen zum Verschwinden gebracht werden.

Quittenblüte Ein Destillat daraus wirke herzstärkend, gegen Erbrechen und werde Frauen empfohlen, die „ihre Blume allzu häuffig haben".

Quittenblätter Gegen Wurmbefall wirkten getrocknete, zerriebene, mit Milch vermischte Quittenblätter, eine Blätterabkochung davon (Dekokt) lindere Augenleiden.

Quittenholz Eine Abkochung davon, so steht bei Zedler zu lesen, solle die Leber stärken.

WIE DIE QUITTE ZUR MARMELADE WURDE. VOM HEILMITTEL ZUR LECKE-REI Um rohe Quitten aufzubewahren, legten die Griechen sie in Honig ein. Der *malon* oder *melon* (die apfelartige Frucht) wurde also in *méli* (Honig) versenkt und somit zum *melímelon*, dem Honigapfel. Die Römer machten daraus *melimelum* oder (vulgärlateinisch) *malomellum/malmelum. Melimelum* reiste viel auf Schiffen, weil es lange haltbar war, und erreichte über Nordafrika auch Portugal. Die Portugiesen befanden anscheinend, dass die Quitte auch ohne Honig ein süßer Apfel war, und nannten die goldgelbe Frucht – vom Lateinischen abgeleitet – *marmelo*.

Speisen erhalten im Portugiesischen und Spanischen häufig die Endsilbe *-ata* – und schon war sie geboren, die *marmelada*. Auch in Japan, wohin die Quitte mit portugiesischen Seefahrern reiste, trägt die Frucht einen davon abgeleiteten Namen: Man nennt sie *marumero* (der Baum hat weiße, rosa geäderte Blüten wie bei uns; daneben gibt es auch noch *karin – Pseudocydonia sinensis –* mit hellroten Blüten).

Der römische Schriftsteller Lucius Iunius Moderatus Columella verfasste im 1. Jh. n.u.Z. *De re rustica*, ein monumentales mehrbändiges Werk zum Thema Gartenbau und Landwirtschaft, und widmete sich auch der Quitte. Er beschreibt, wie *melimelum* gemacht wird:

„Nach meiner Erfahrung ist nichts zuverlässiger und besser, als wenn man die Quitten ganz ausgereift, ohne Beschädigung und ohne Druckstelle, bei heiterem Wetter und abnehmendem Mond erntet und in einen neuen Behälter mit möglichst weiter Öffnung nach dem Abstreifen der Wolle, die den Früchten anhaftet, vorsichtig und geräumig einlegt, so daß sie sich nicht drücken können; wenn sie dann bis an den Rand der Gefäße eingefüllt sind, soll man sie mit quer eingeschobenen Weidenruten so einengen, daß diese die Früchte nach unten halten und nicht emporkommen lassen, wenn sie die flüssige Einfüllung erhalten. Dann füllt man das Gefäß mit erstklassigem, dünnflüssigem Honig bis an den Rand, so daß die Früchte in ihn eingetaucht sind." Schließt der Honig die Früchte luftdicht ab, könnten keine Gärprozesse in Gang kommen. „Denn dies", so Columella, „ist das Wesen des Honigs, daß er Mängeln Einhalt gebietet und sie nicht weiter greifen läßt. Aus diesem Grund erhält er sogar den leblosen Körper eines Menschen über mehrere Jahre unzerstört." Unter diesen Umständen müssen wohl auch die Quitten frisch bleiben.

Marmelade bzw. das, was wir darunter verstehen – ein dickflüssiger süßer Brotaufstrich aus passierten Früchten –, wird aus Quitten allerdings so gut wie nicht erzeugt. Die beiden Produkte, die es fast überall auf der Welt gibt und die eng zusammengehören, weil sie sozusagen parallel erzeugt werden (können), sind Quittenbrot/ Quittenkäse und Quittengelee.

Die (in getrocknetem Zustand) schnittfeste Masse aus Quittenmus (also Quittenbrot/Quittenkäse) besteht in ihrer Grundform nur aus Frucht und Zucker. Natürlich wurden und werden verschiedenste Geschmack verleihende Zutaten beigemengt: Gewürze etwa, gehackte Nüsse, Rosinen, gehackte getrocknete Früchte.

Die Quitten wurden gekocht, abgeseiht, passiert, mit Zucker versetzt und dann noch einmal sehr lang gekocht und gerührt. Die fertige Masse wurde auf einen kalten Untergrund gestrichen (eine Marmor- oder Porzellanplatte) und nach dem Erstarren geschnitten oder direkt in Formen (Modeln) oder extra für diesen Zweck angefertigte Spanschachteln gegossen. Für Quitten in Wurstform wurde die Masse übrigens in Tierdärme gegossen. Schachtel oder Darm: So konnte die Quitten-Leckerei jedenfalls gut transportiert und verschenkt werden. Beliebt war es auch, auf den Boden der Spanschachtel Blattgold, Papierblumen oder Sinnsprüche auf Papier zu legen. Wurde der Schachtelinhalt gestürzt, kam die Verzierung zum Vorschein. Auf den Schachtelboden gelegte Bilder und Wappen funktionierten auch, wenn durchsichtiges Quittengelee darauf gegossen wurde. Dieses erzeugte man aus dem Kochsud der Quitten. Es wurde so klar, dass man hindurchsehen konnte.

Wirklich berühmt ist der Cotignac d'Orléans. Es handelt sich dabei um Quittenpastete, eine Spezialität des Loire-Tals. Das Wort *cotignac* leiten die einen von Provençalisch *quodonat* und Mittellateinisch *codonhatum* ab, was ebenfalls Quitte bedeutet; andere meinen, der Erfinder der Pastete sei ein in Orléans ansässiger Mann aus Cotignac, einer Gemeinde in der Region Provence-Alpes-Côte d'Azur, gewesen. Die Spezialität wird heute noch in Spanschachteln verkauft. Angeblich bekam auch

Jeanne d'Arc von den Einwohnern von Orléans Cotignac geschenkt, nachdem sie die Engländer und Burgunder in die Flucht geschlagen hatte. Ob der in einer Spanschachtel überreicht wurde, ist nicht überliefert. Das Quittenkonfekt in kleineren Formen wurde in Frankreich, besonders in der Provence, auch auf den Weihnachtsbaum gehängt. Das ist ein spannender Brauch, denn den Weihnachtsbaum mit Äpfeln zu schmücken erinnert an den Sündenfall von Adam und Eva. Vielleicht ist auch das ein Hinweis darauf, dass die Paradiesäpfel Quitten waren.

Der Cotignac heißt in Spanien Carne oder Dulce de membrillo, die Katalanen nennen ihn Codonyat, die Portugiesen Marmelada. Möchte man Quittengelee selbst herstellen, kann man sich nach dem Rezept des französischen Aopthekers Nostradamus richten (jederzeit im Internet zu finden), der es schon im 16. Jahrhundert „Kranken und Gesunden" empfahl, oder laut Rezept auf S. 55 vorgehen. Das Ergebnis jedenfalls, so Meister Nostradamus, sollte eine Farbe besitzen, „so durchsichtig, dass sie einem orientalischen Rubin gleich sieht".

Für Quittenkäse und Gelee ist es ratsam, keine überreifen Früchte zu verwenden. Der Pektingehalt wird mit zunehmender Reife nämlich geringer. Früchte mit hohem Pektingehalt brauchen unter Umständen nicht einmal die Zugabe von Zucker, um zu gelieren. Einen Verfechter der geringen Zuckerbeigabe finden wir auch in Max Goldt in dem bereits zitierten Text „Quitten für die Menschen zwischen Emden und Zittau".

„Quittenpaste hat ebenso wie Quittengelee meist den Nachteil, Unmengen von Zucker zu enthalten, der den irisierenden Eigengeschmack der Quitte nicht unterstreicht, sondern tötet. Deshalb sollten wir unsere gesamte Kraft dazu verwenden, die Quitte den an Gelierzuckersäcke genagelten Händen unserer Großmütter zu

entreißen und in die Sparte des eigenständigen Genuss-
mittels hinein zu emanzipieren!"

Das soll uns ein Wahlspruch sein.

JAN WAGNER
QUITTENPASTETE

wenn sie der oktober ins astwerk hängte,
ausgebeulte lampions, war es zeit: wir
pflückten quitten, wuchteten körbeweise
gelb in die küche
unters wasser. apfel und birne reiften
ihrem namen zu, einer schlichten süße –
anders als die quitte an ihrem baum im
hintersten winkel
meines alphabets, im latein des gartens,
hart und fremd in ihrem arom. wir schnitten,
viertelten, entkernten das fleisch (vier große
hände, zwei kleine),
schemenhaft im dampf des entsafters, gaben
zucker, hitze, mühe zu etwas, das sich
roh dem mund versagte. wer konnte, wollte
quitten begreifen,
ihr gelee, in bauchigen gläsern für die
dunklen tage in den regalen aufge-
reiht, in einem keller von tagen, wo sie
leuchteten, leuchten.

Aus: „Achtzehn Pasteten"

REZEPTE

Hier haben natürlich nicht unendlich viele Rezepte Platz, obwohl es wirklich viele gäbe. Die hier aufgenommenen wurden nach folgenden Kategorien ausgewählt:

1. Lieblingsrezepte,
2. Rezepte aus möglichst vielen Weltgegenden, weil die Quitte ja auch ganz schön herumgekommen ist,
3. Rezepte, die nicht allzu schwer nachzukochen sind.

QUITTE, FLÜSSIG

Quittenlikör

Quittenlikör macht man nicht nur bei uns, sondern auch in Japan. Er heißt dort *karinshu* (*karin* – Chinesische Quitte) und wird mit 35%igem *shōchū* angesetzt (vorzugsweise mit *kome shōchū* – Reisschnaps).

Für 500 ml Likör
3 Quitten, 250 g Kandiszucker, 500 ml Ansatzkorn
Die Quitten waschen und den Flaum abreiben. Die Kerngehäuse entfernen und das Quittenfleisch klein würfeln. In ein Glasgefäß mit breiter Öffnung füllen, den Kandiszucker dazugeben und das Ganze mit dem Korn übergießen. Verschließen und 4 bis 6 Wochen an einem dunklen Ort ziehen lassen und dabei der Farbveränderung zu Bernsteingelb zusehen.
Wenn Sie einen solchen Likör zum Beispiel über Vanilleeis schütten, schmeckt das ziemlich gut.
Natürlich lässt sich der Quittenlikör auch aromatisieren: mit der Schale einer unbehandelten Zitrone, mit Ingwer und Vanille oder mit Piment und Zimtstange.

Quittentee

In Korea ist Quittentee mit Honig sehr beliebt, es gibt ihn sogar als Fertigprodukt in Dosen. Dieses Rezept stammt von der dänischen Köchin und Aromaspezialistin Kille Enna. Sie empfiehlt, die heiße Flüssigkeit in durchsichtigen Teegläsern zu servieren, und sie hat recht: Das sieht unglaublich schön aus! Und dazu blickt man am besten von der warmen Stube durch glasklare Fenster hinaus in einen klirrend kalten Wintertag.

Für 1 Kanne Tee
einige dünne rohe Quittenscheiben (mindestens 3, oder einfach ein paar gewaschene Quittenschalen) • 1 Zweig Rosmarin, 1 Msp. Vanillemark • 1–2 dünne Scheibchen Chili (für mich ohne Kerne, aber bitte, wie Sie wollen) • 1,5 TL Honig

Die Zutaten in eine Teekanne füllen und mit kochendem Wasser übergießen, je nach Geschmack 6 bis 10 Minuten ziehen lassen, dann den Honig einrühren. Fertig.

Quittenessig
… mit Rosmarin und Lavendel

Wer sich selbst am Aromatisieren von Essigen versuchen will – bitteschön, das geht ganz einfach. Es gibt aber wirklich gute Quittenessige zu kaufen, die übertreffen alles Selbstgemachte. Das gilt im Übrigen auch für Quittenbrand!

1 Quitte • 3 EL Rosmarinblüten • 1 Zweig Rosmarin • 1 Zweig Lavendelblüte • 1 l dunkler Balsamico

Quitte schälen, entkernen und klein würfeln. Quittenwürfel gemeinsam mit den übrigen Zutaten in eine Flasche füllen, verschließen und 6 bis 8 Wochen stehen lassen.

… mit Sherry

1 Quitte • 1 TL Honig • 100 ml Essigessenz (25%) •
2 EL Sherry (halbtrocken) • 350 ml Wasser

Quitte schälen, entkernen und klein würfeln. Quittenwürfel gemeinsam mit den übrigen Zutaten in eine Flasche füllen, verschließen und 2 Wochen stehen lassen.

Passt zu Selleriesalat, rotem Krautsalat, Rotkraut,
zum Abschmecken von Ragouts.

VORSPEISEN

Ziegenkäse mit Quitte

Die Kombination schmeckt umwerfend: die Quittenwürfelchen leicht säuerlich, der Sirup vanillig-süß, der
Ziegenkäse würzig. Mit Blattsalat und knusprigem Brot
ist das ein kleines, feines Abendessen.

Für 4 Portionen
1 reife Quitte (ca. 300 g) • Saft einer Zitrone • Mark
einer halben Vanilleschote • 1 EL Honig • 2 EL Zu-
cker • 200 g gereifte Ziegenkäserolle

Die Quitte schälen, entkernen und das Fruchtfleisch in
kleine Würfel von ca. ½ cm Seitenlänge schneiden. Die
Quittenwürfelchen sofort mit dem Zitronensaft übergießen, damit sie nicht braun werden. Quitten samt Zitronensaft mit dem Vanillemark und dem Honig sowie et-

was Wasser weich kochen (dauert ca. 7 Minuten). Die Quittenwürfel abgießen und den Saft auffangen.

Den Zucker in einem kleinen Topf karamellisieren (Achtung: dabei bleiben, sonst verbrennt der Zucker). Mit dem Quittensaft ablöschen und alles zu einem Sirup einkochen.

Den Ziegenkäse anrichten, darauf etwas von den Quittenwürfeln und mit dem Sirup zart beträufeln.

Wenn Quittenwürfel übrig bleiben, einfach aufessen oder mit Vanilleeis als Dessert servieren. Den Rest des eingekochten Quittensirups in ein kleines Schraubglas füllen. Er geliert und ist zum Beispiel für den Rotkraut-Quitten-Trauben-Salat verwendbar – oder als süßer Brotaufstrich.

Wintersalat mit Quittenspalten

Für 4 Portionen
400 g gemischter bitterer Blattsalat • 1 kleine rote Zwiebel • 2 kleine oder 1 große Quitte (ca. 400 g) • 100 ml frisch gepresster Orangensaft • 100 ml Wasser • 4 Wacholderbeeren • 4 schwarze Pfefferkörner • 1 Msp. Zimt
Marinade:
100 ml Quitten-Kochsud • 1 EL grober Senf • 1 EL Quitten- oder Apfelessig • 3 EL Olivenöl, Salz

Die Quitten waschen und trocken reiben, schälen, entkernen und in ca. 1 cm breite Spalten schneiden.

Orangensaft, Wasser, Wacholderbeeren, Pfefferkörner und Zimt aufkochen, Quittenspalten hineingeben und bissfest kochen (das dauert ca. 10 Minuten, gelegentliches Anstechen bringt Gewissheit). Die Quittenspalten herausnehmen, den Kochsud abseihen und Spalten sowie Sud abkühlen lassen.

Den Salat waschen, trocken schleudern und in eine große Schüssel geben.

Alle Zutaten für die Marinade in ein Schraubglas füllen und schütteln. Evtl. mit etwas Salz abschmecken. Marinade über den Salat gießen und alles gut vermengen. Die Quittenspalten auf dem Salat drapieren und servieren.

Ich finde den Salat am besten mit Roggenbaguette.

Rotkrautsalat mit Quitten, Trauben und Walnüssen

Sehr herbstlich, sehr köstlich, farblich genial!

Für 4 Portionen
300 g Rotkraut/Rotkohl • ½ TL Salz • 1 große Quitte (ca. 400 g) • 1 Prise Zimt • 100 ml säuerlicher Apfelsaft • 2 EL Quittengelee (siehe S. 55) • 3 EL kräftiger Traubenessig (ich verwende kroatischen, der hat es wirklich in sich; wer es mild mag, verwendet Apfelessig, dafür ein bisschen mehr) • 2 EL Traubenkernöl • 1 rote Zwiebel, in feine Ringe geschnitten • 125 g kernlose Trauben, halbiert • 40 g Walnusskerne, grob zerbrochen • evtl. Pfeffer aus der Mühle

Das Rotkraut (ohne Strunk) ganz fein hobeln oder schneiden, in eine Schüssel geben und mit dem Salz sorgfältig vermengen.

Die Quitte schälen, entkernen, achteln und anschließend grob blättrig schneiden.

Apfelsaft gemeinsam mit Zimt und Gelee aufkochen und die Quittenblättchen darin weich kochen (dauert ca. 6 Minuten). Die Quitten abgießen und den Saft auffangen. Den Saft auf ein Drittel einkochen.

Den heißen Quittensaft mit Öl und Essig vermengen und über das Kraut gießen. Den Salat mit Zwiebeln, Quittenblättchen, Traubenhälften und Nüssen vermen-

gen und etwas ziehen lassen. Evtl. mit etwas Salz und
Pfeffer abschmecken.

Hühnerleberpastete mit Quitte

Die Leberpastete können Sie samt Quitten als Amuse-
Gueule auf den Tisch stellen, wenn Gäste kommen. Da-
mit verkürzen Sie 6 bis 8 Menschen die Wartezeit auf die
Hauptspeise.

Für 2 Souffléförmchen (oder andere kleine Behältnisse
mit ca. 8 cm Durchmesser und 5 cm Höhe)
200 g Hühnerleber • 125 ml Weißwein (ich hatte gera-
de einen Weißburgunder zu Hause) • 4 Pfefferkörner •
1–2 Lorbeerblätter • 2 Zweige frischer Thymian und
2 weitere zum Dekorieren • ½ kleine rote Zwiebel oder
1 Schalotte • Olivenöl • 100 ml Schlagobers/Sahne •
Salz • Pfeffer • Muskatnuss • Quittenlikör
Quitte:
1 Quitte (ca. 200 g) • 100 ml weißer Portwein oder der
Wein, in dem die Leber mariniert wurde

Die Hühnerleber waschen und putzen, dann mitsamt
den Pfefferkörnern, den Lorbeerblättern und dem Thymian in den Weißwein einlegen. Zudecken und für ca.
2 Stunden in den Kühlschrank stellen.

Die Zwiebel ganz fein schneiden. Die Hühnerleber
abseihen, die Marinade auffangen. In einer Pfanne etwas Olivenöl erhitzen und die Zwiebeln darin anschwit-
zen. Nun die Leber dazugeben und mitbraten, bis sie die
Farbe gewechselt hat (zu graubraun). Die Leber aus der
Pfanne nehmen und beiseite stellen.

Den Bratensatz mit der Lebermarinade aufgießen
und stark einkochen lassen. Die Leber wieder in die Pfanne geben, das Schlagobers angießen und einmal kurz kö-

cheln lassen. Mit Salz, Pfeffer, Muskatnuss und dem Quittenlikör abschmecken.

Dann den Stabmixer zur Hand nehmen und alles zu einer sehr feinen, homogenen Creme mixen. Nochmals abschmecken und in die Förmchen füllen. Auskühlen lassen, mit Frischhaltefolie abdecken und für ein paar Stunden (oder über Nacht) in den Kühlschrank stellen.

In der Zwischenzeit die Quitte schälen, entkernen und in ca. 1 bis 1,5 cm breite Spalten schneiden. Im weißen (Port-)Wein ca. 15 Minuten weich kochen, in der Kochflüssigkeit abkühlen lassen.

Vor dem Servieren die sehr kalte Pastete mit je einem Thymianzweiglein dekorieren und zusammen mit den zimmerwarmen Quitten und frischem Schwarzbrot oder Roggenbaguette auf den Tisch stellen.

Asiatische Quittensuppe

Für 4 Portionen
3 mittelgroße Quitten (à ca. 200 g) • 1 Stängel Zitronengras • 1 Knoblauchzehe, fein gehackt • 1 Chilischote, entkernt • 2 EL Butter • 800 ml Kalbsfond • einige Kaffir-Limettenblätter • 100 ml Schlagobers/ Sahne • Salz • Pfeffer

Die Quitten waschen, schälen und entkernen. Vom Zitronengras die äußerste Schicht entfernen und das Innere sehr klein schneiden. Chilischote entkernen, klein schneiden und gemeinsam mit Knoblauch und Zitronengras in der Butter kurz anbraten. Die Quittenstücke dazugeben und mit dem Kalbsfond aufgießen. Die Kaffir-Limettenblätter zufügen und etwa 40 Minuten köcheln lassen (jedenfalls so lange, bis die Quitten ganz weich sind). Limettenblätter entfernen und die Suppe sehr fein pürieren. Das Obers dazugeben und noch einmal aufkochen, mit Salz und Pfeffer abschmecken.

Kalbsleber mit Salbei-Quitten

Ich gestehe: Ich habe ein Faible für Innereien. Mit Leber, Quitte und Salbei fühle ich mich dem siebenten Himmel sehr nahe.

Für 4 Portionen
4 Scheiben Kalbsleber • 2 Quitten • 6 EL Honig •
350 ml Beerenauslese (Süßwein) • 1 Handvoll Salbei-
blätter • Olivenöl • Butter • Muskatnuss, gerieben •
Salz • Pfeffer aus der Mühle

Den Ofen auf 190 °C vorheizen. Den Flaum der Quitten abreiben (nicht schälen), das Kerngehäuse entfernen, die Quitten der Länge nach achteln, in stark erhitztem Olivenöl kurz goldbraun anrösten, Honig und Süßwein dazugeben, salzen, grob pfeffern, aufkochen lassen und alles in eine feuerfeste Form schlichten. Die Quittenspalten im Ofen bei etwa 35 Minuten fertig garen. Bei Bedarf etwas Flüssigkeit ergänzen.

Gewaschene und gründlich getrocknete Salbeiblätter in Olivenöl knusprig braten. Herausnehmen und auf Küchenpapier abtropfen lassen.

Die Leberscheiben in Mehl wenden, in Butter von jeder Seite gute 2 Minuten lang sanft braten (wirklich sanft, sonst wird die Butter braun), anschließend mit Meersalz bestreuen und warm stellen. Die Bratenbutter mit Muskat würzen. Die Quitten mitsamt dem Fond anrichten, die Leber dazugeben, mit der Muskatbutter beträufeln und mit dem Salbei grob bestreuen.

Ich mag dazu selbst gemachtes Kartoffelpüree oder Polenta.

Huhn mit Schalotten und gebratenen Quittenspalten

Dieses Rezept ist für Freunde und Freundinnen des süß gewürzten Fleisches gemacht. Im Orient mag man das und auch ich finde es köstlich. Das Rezept stammt von Claudia Roden, einer der wirklichen Spezialistinnen für orientalische Küche.

Für 4 Portionen
2 Quitten • 500 g Schalotten • 4 Hühnerkeulen (oder 1 ganzes Huhn, zerteilt) • 1 große Zwiebel, klein gehackt • 1 Prise Safran • 3 cm Ingwerwurzel, geschält, klein geschnitten (oder 1 TL Ingwerpulver) • 1 TL Zimt, gemahlen • 1 Handvoll helle Sesamsamen • 1 EL Honig • 1 Prise Chili, gemahlen • Olivenöl • Salz • Pfeffer aus der Mühle • evtl. etwas Zitronensaft

Mit den Quitten beginnen: Die Früchte waschen, trocken reiben und im Ganzen in Wasser weich kochen. Bei einer durchschnittlichen Quittengröße (ca. 300 g pro Stück) dauert das ca. 45 Minuten. Aus dem Wasser nehmen und auskühlen lassen.

In der Zwischenzeit die Schalotten schälen. Das geht leichter, wenn man sie ca. 4 Minuten blanchiert. Die geschälten Schalotten beiseite stellen.

Die Hühnerteile waschen und trocken tupfen.

Nun in einem geräumigen Topf oder Bräter (mit Deckel) die Zwiebeln in 4 EL Olivenöl hellgelb anlaufen lassen, Safran, Ingwer und Zimt dazugeben und umrühren. Die Hühnerteile einlegen, salzen, pfeffern und unter mehrmaligem Wenden goldbraun braten. Mit etwa 250 ml Wasser aufgießen und das Fleisch bei geringer Hitze zugedeckt weich köcheln.

Nach 15 Minuten Kochzeit die Schalotten dazugeben und alles weitere 25 Minuten schmoren lassen. Dann das Fleisch herausnehmen und beiseite stellen (möglichst nicht ganz auskühlen lassen, also am besten abdecken).

Noch während das Fleisch vor sich hinschmort, die gekochten Quitten achteln und entkernen (aber nicht schälen), beiseite stellen und den Sesam in einer beschichteten Pfanne trocken goldgelb rösten.

Nun den Honig in den Topf zu den Schalotten geben, mit Chili schärfen, nochmals mit Salz und evtl. Pfeffer abschmecken und ohne Deckel bei größerer Hitze einkochen. Die Flüssigkeit soll fast ganz verdampfen. Das dauert länger, als man glaubt (ca. 30 Minuten), man muss allerdings ohnehin immer rühren, also verpasst man den Zeitpunkt nicht.

Gleichzeitig in einer separaten Pfanne die Quittenspalten in Öl beidseitig bräunen. Die Spalten aus der Pfanne nehmen und zum Abtropfen auf Küchenpapier legen.

Wenn die Schalotten gut eingekocht sind, die Hühnerteile wieder in den Topf geben, in den mittlerweile leicht karamellisierten Schalotten wenden und alles noch einmal erwärmen.

Die Hühnerteile auf Tellern anrichten, mit Sesam bestreuen, die Quittenspalten dazu drapieren und mit Reis servieren.

Die Süße der Zwiebelchen kann mit etwas Zitronensaft reguliert werden. Die gebratenen Quittenspalten schmecken unglaublich gut (außen karamellig, innen mit leichter Säure) und könnten auch als Dessert zu Zitroneneis gereicht werden.

Tipp: Die gebratenen Quittenspalten passen auch zu Rucola und trocken gerösteten Pinienkernen. Zusammen ergibt das eine köstliche Vorspeise.

Koresh(t) Beh/Lammeintopf mit Quitten

Hier handelt es sich um ein persisches Nationalgericht. *Khoresh* heißt übersetzt so viel wie „Mahlzeit", es leitet sich vom Farsi-Verb für „essen" ab. Ein Eintopf ist ja quasi *das* Symbol der Nahrungsbereitstellung.

Im Prinzip sollte Eintopf immer in großen Mengen gekocht werden, dann schmeckt er einfach besser. Ich gebe trotzdem die Mengen für 4 Portionen an.

Für 4 Portionen
50 g gelbe Spalterbsen • 1 große Quitte • 600 g Lammfleisch aus der Schulter • 2 mittelgroße Zwiebeln, gehackt • 3 EL Sonnenblumen- oder Olivenöl • ½ TL Zimt • 1 Msp. Muskatnuss • Salz, Pfeffer aus der Mühle • 2 EL Zitronensaft + Zitronensaft zum Einlegen der Quitte • 1 EL Zucker nach Geschmack

Die Spalterbsen für eine Stunde in Wasser einweichen. Die Quitte waschen, trocken reiben, damit der Flaum entfernt wird, vierteln, entkernen und in dickere Scheiben schneiden (ca. 1 cm). In eine Schüssel mit Zitronenwasser geben, damit die Scheiben nicht braun werden. Das Lammfleisch in ca. 2 x 2 cm große Würfel schneiden.

Die Zwiebeln in Öl goldgelb braten, die Fleischstücke dazugeben und rundherum anbraten, die Gewürze beifügen und gut umrühren. Mit so viel Wasser aufgießen, dass das Fleisch gerade bedeckt ist, Deckel auflegen und alles ca. 1 Stunde bei geringer Hitze köcheln lassen.

Anschließend Quittenscheiben und Spalterbsen abgießen und zum Fleisch geben, evtl. etwas Wasser ergänzen. Den Eintopf weiter köcheln lassen, bis die Quitten weich sind (ca. 20 Minuten, je nach Größe der Quittenstücke, einfach testen).

Ca. 10 Minuten vor Ende der Garzeit Zitronensaft und Zucker einrühren.

Variante: Von diesem Gericht gibt es eine Variante mit Tomaten (oder Tomatenmark) und Safran. Die Quitten werden dabei erst in dünnen Ringen (die sich ergeben, wenn man das Kerngehäuse aus der ganzen Quitte sticht, aber das müssen Sie erst einmal zusammenbringen) gebraten und 15 Minuten vor Ende der Garzeit in den Topf gegeben.

Zu diesem Gericht passt Reis am besten.

Lamm-Tagine mit Karotten und Quitten (im Römertopf)

Wenn Ostern auf einen frühen Termin fällt, es draußen noch richtig kalt ist und Sie in einem türkischen Obstladen noch Quitten finden, eignet sich die Tagine auch als Ostermahlzeit. Ich hab' das so gemacht.

Für 6–8 Portionen
2 kg Lammschulter mit Knochen (das ist 1 Schulter) •
2 Quitten (à ca. 300 g) • 6 kleine Zwiebeln • 10 Knoblauchzehen • 10 kleine Karotten/Möhren • mindestens
4 gehäufte EL Tagine-Gewürz für Fleisch (Ras el-Hanout) • Gemüsebrühe • Olivenöl

Lassen Sie sich die Lammschulter vom Fleischer in Scheiben hacken. Der Knochen muss dranbleiben!

Römertopf rechtzeitig wässern.

Das Fleisch abspülen und trocken tupfen. Die Quitten schälen, entkernen und achteln, die Zwiebeln schälen und in Ringe schneiden. Die Knoblauchzehen schälen, mit dem Handballen oder einem Messerrücken andrücken. Die Karotten schälen und halbieren oder dritteln.

Olivenöl in einem großen Topf oder Bräter erhitzen und die Lamm-Scheiben darin anbraten. Das Fleisch herausnehmen und im selben Fett die Zwiebeln weich und goldgelb braten, Knoblauchzehen dazugeben und noch einmal kurz durchrösten. Das Tagine-Gewürz dazugeben, gut umrühren und mit Gemüsebrühe aufgießen.

Das Fleisch, die Karotten und die Quitten in den Römertopf schlichten, Kochflüssigkeit samt Zwiebeln und Knoblauch darübergießen, den Römertopf schließen und in den kalten (!) Ofen schieben. Den Ofen auf 180 °C aufdrehen und alles 80 Minuten schmoren lassen. Danach sind die Quitten, die übrigens nur mehr ganz leicht süß sind und beim Hineinbeißen einen Hauch Säure offenbaren, und die Karotten noch bissfest. Ich mag das so. FreundInnen der weichen Karotte geben noch ein halbes Stündchen zu (dann aber auf 160 °C zurückdrehen).

Dazu unbedingt Couscous servieren. Und Harissa sollten Sie auch zu Hause haben.

Gefüllte Quitten

Für 4 Portionen
2 große Quitten • 1 Zwiebel, gehackt • 2 EL Sonnenblumen- oder Olivenöl • 3 EL Pinienkerne • 200 g Rindfleisch, durch den Fleischwolf gedreht • 1 TL Zimt • ½ TL Piment • Salz, Pfeffer aus der Mühle

Den Ofen auf 190 °C vorheizen. Die Quitten waschen und den Flaum abreiben. Das Backblech mit Alufolie bedecken und die Quitten darauflegen. Im Ofen weich backen. Das dauert, je nach Quittengröße, mindestens 1 Stunde (bei großen Früchten sogar 2). Die Quittenhaut verändert im Ofen recht schnell ihre Farbe zu einem Mittelding zwischen glänzendem Kupfer und Messing. Davon darf man sich nicht täuschen lassen, das Fleisch ist trotzdem noch hart. Auch wenn die Haut an einer Stelle platzt und etwas vom Quitteninneren herausblubbert, ist es nicht unbedingt ein Indiz dafür, dass die Frucht schon weich ist. Hier lautet das Motto wirklich: Geduld! Wenn die Quitten dann endlich weich sind (anstechen!), diese herausnehmen und etwas abkühlen lassen.

In der Zwischenzeit die Zwiebeln im Öl braten, bis sie weich sind, Pinienkerne dazugeben und kurz mitrösten. Etwas abkühlen lassen.

Das Fleisch mit Zimt und Piment, Salz und Pfeffer kräftig würzen und gut verkneten. Anschließend die Zwiebel-Pinienkern-Mischung dazugeben und abermals verkneten.

Die Quitten der Länge nach halbieren, mit einem kleinen Löffel die Kerngehäuse entfernen. Etwa ein Drittel des Fruchtfleisches aus den Quitten herausschaben und dieses mit dem Fleisch vermengen Die Quitten mit der Fleisch-Mischung füllen und fest drücken (wenn Sie das zum ersten Mal machen, wird die Quittenschale die Aktion vielleicht nicht unbeschadet überstehen – macht nichts: Füllung im Quittenring schmeckt auch gut).

Die gefüllten Quitten wieder in den Ofen schieben und bei 180 °C etwa 35 Minuten backen.

Varianten: Die Quitten ganz lassen und roh von oben weitgehend aushöhlen. Mit einer Mischung aus gebratenem Zwiebel, Faschiertem/Hackfleisch, Quittenfleisch, roten Linsen, Tomatenmark, Salz und Pfeffer füllen, aufrecht nebeneinander in eine mit Öl ausgepinselte Backform schlichten und mit einer Mischung aus heißer Gemüsesuppe, Essig, Zucker, Zimt und Safran umgießen. Das Ganze wird im Ofen ca. 1 Stunde gegart. Ich habe es nicht geschafft, die harten Quitten ohne Fingerverletzung entsprechend auszuhöhlen. Vielleicht können Sie es.

In Georgien füllt man rohe Quitten (und Äpfel) mit einer Mischung aus durch den Fleischwolf gedrehtem Lammfleisch, Zwiebeln, frischem Koriander und Reis. Umgossen werden die Früchte mit einer Brühe, die aus Lammknochen gekocht wurde. Ein paar gedörrte Zwetschken kommen auch noch dazu.

Schalotten mit Quitte und Speck

In Nordamerika sind Quitten viel populärer als bei uns. Dieses Rezept schmeckt nach Blockhaus, Bäumefällen, Holzhacken. Tatsächlich isst man die Quitten-Zwiebelchen in Amerika zu Thanksgiving.

Für 4 Portionen
500 g Schalotten • 500 g Quitten • 2 EL Ahornsirup
oder Honig • 100 g Frühstücksspeck in Scheiben, eher
dick geschnitten • 3 EL wirklich guter, milder dunk-
ler Balsamicoessig • 1 EL Petersilie, grob geschnitten •
3 Zweige Thymian, gezupft • Muskatnuss, gerieben •
Salz • Pfeffer aus der Mühle

Den Ofen auf 220 °C vorheizen. Die Schalotten für 4 Minuten in kochendem Wasser blanchieren. Abgießen und auskühlen lassen.

Die Quitten schälen (muss aber nicht sein), entkernen und in Würfel schneiden (ca. 2 cm Seitenlänge). Die Quittenstücke in eine Auflaufform schlichten und mit 1 EL Ahornsirup beträufeln. Gut vermischen. Die Form in den Ofen schieben (Hitze evtl. auf 200 °C reduzieren) und die Quitten backen, bis sie bissfest sind (dauert ca. 30 Minuten). Die fertigen Quitten schmecken köstlich – ein paar dürfen Sie naschen.

In der Zwischenzeit die Schalotten schälen, größere halbieren oder vierteln. Den Speck in einer geräumigen schweren Pfanne bei mittlerer Hitze braun braten. Herausnehmen, auf Küchenpapier abtropfen lassen und in ca. 2 cm lange Streifen schneiden. Die Schalotten im Speckfett hellbraun braten (das dauert ca. 6 Minuten), dabei immer umrühren.

Die Hitze etwas reduzieren und den restlichen Ahornsirup sowie den Essig zu den Schalotten geben. Dann die Quittenstücke unterheben. Mit Salz, Pfeffer und Muskatnuss würzen. Zum Schluss Petersilie und Thymian beifügen und alles vorsichtig vermischen. Noch ein paar Minuten gemeinsam garen, dann die Speckstreifen dazugeben, noch einmal umrühren und servieren.

Man isst die Holzhacker-Mahlzeit mit frischem, knusprigem Schwarzbrot.

SÜSSES

Bratquitte

Das ist das Pendant zum Bratapfel, nur noch süßer. In der Türkei verspeist man die winterliche Köstlichkeit mit Kaymak, der aus dem Rahm von Büffelmilch besteht. Mascarpone tut's aber auch.

Für 4 Portionen
4 Quitten à 250 g • 25 g Butter • 4 EL Zucker • Mascarpone zum Servieren

Den Ofen auf 190 °C vorheizen. Die Quitten waschen, den Flaum abreiben, die Früchte nebeneinander in eine ofenfeste Form schlichten (geht auch im zuvor gewässerten Römertopf) und in den Ofen schieben. Backen, bis die Früchte noch nicht ganz weich sind. Rechnen Sie dafür ca. 1 Stunde Backzeit, testen Sie aber schon nach 45 Minuten.

Sind die Quitten kernig weich, diese aus dem Ofen nehmen und halbieren. Etwas abkühlen lassen. Die Kerngehäuse entfernen. Die Quittenhälften mit der Schnittfläche nach oben auf ein Backblech setzen (oder in eine ofenfeste Form, wenn sie doch schon etwas zu weich sind). Je ein Butterflöckchen auf den Quittenhälften verteilen und mit je ½ EL Zucker bestreuen. Nochmals in den Ofen schieben und ganz weich backen. Je nachdem, wie weich Ihre Quitten jetzt schon sind, dauert das entsprechend kürzer oder länger. Als Richtwert können Sie mit ca. 15 Minuten rechnen. Die Quitten warm mit einem Klacks Mascarpone servieren.

Variante: Sie könnten geschälte, entkernte Quittenhälften auch in Orangensaft kernweich dünsten. Sie könnten diese Quittenhälften mit einer Mischung aus gehackten Walnüssen und Rosinen, Topfen/Quark, etwas Orangenschale, Honig, Vanille und Zimt füllen, ein Butterflöckchen darauf drapieren und dann in einer gebutterten Form im vorgeheizten Ofen backen. Könnten Sie!

Quittentarte tatin

Vergessen Sie Ihre geliebte Apfeltarte – diese hier schmeckt unglaublich gut!

Für 1 Tarte (25 cm Durchmesser)
3 nicht zu große Quitten (à ca. 200 g) • 120 g Zucker •
Zucker für die Tarteform • Saft von 1–2 Zitronen •
Butterflöckchen • 1 Pkg. Blätterteig

Den Ofen auf 190 °C vorheizen. Die Quitten schälen, vierteln, entkernen und jedes Viertel mindestens dritteln. (Achtung: Rechenaufgabe! Wie viele Spalten erhalte ich bei 3 Quitten?) Die Spalten in Zitronensaft wenden. Die Quittenspalten mit dem Zucker bestreuen, mit Wasser gerade bedecken und nicht ganz weich köcheln.

In der Zwischenzeit so viel Zucker in eine Tarteform schütten, dass der Boden gerade bedeckt ist. Die Form in den Ofen schieben und den Zucker karamellisieren lassen. Das dauert, aber dann geht es auf einmal schnell. Am besten lässt man die Form nicht aus den Augen.

Trotzdem in der Zwischenzeit die Quitten abgießen (aus dem Sud können Sie Gelee einkochen) und den Blätterteig aus dem Kühlschrank holen.

Die Tarteform rechtzeitig aus dem Ofen nehmen (seeehr heiß!) und ein bisschen etwas von der warmen Quittenkochflüssigkeit hineinträufeln. Dann die Quitten wunderhübsch blütenblätterförmig anordnen und ein paar Butterflöckchen daraufsetzen. Mit einem der Butterflöckchen den Rand der Tarteform einfetten.

Aus dem Blätterteig einen Kreis schneiden (etwas größer als die Tarteform) und auf die Quittenspalten legen. Den Teig am Rand der Tarteform festdrücken.

Den Teig ein paar Mal einstechen und ab in den Ofen damit. Es dauert ca. 30 Minuten, bis die Tarte fertig ist.

Aus dem Ofen nehmen und ca. 10 Minuten abkühlen lassen. Und jetzt: Nehmen Sie einen Teller, der größer ist als Ihre Tarteform, und legen Sie ihn auf die Form. Dann stürzen Sie die Tarte. Und nun die Form vorsichtig abheben. Eigentlich sollten die Quittenspalten am Teig kleben und nicht mehr in der Tarteform. Am besten schmeckt die Tarte lauwarm mit Schlagobers/Sahne.

Jetzt, wo die Tarte fertig ist, denke ich mir, ich hätte mich ruhig trauen sollen, ein paar Rosmarinnadeln zum Zucker in die Tarteform zu streuen. Vielleicht beim nächsten Mal!

Variante (dann aber ohne Rosmarin):
Haselnussboden:
130 g Butter • 125 g Zucker • 2 Eier + 1 Eigelb • Mark einer Vanilleschote • Prise Salz • 120 ml Milch • 170 g Mehl • 2 TL Backpulver • 80 g gemahlene Haselnüsse

Erst alle „flüssigen" Zutaten miteinander verrühren, Vanille und Salz beigeben, dann das mit dem Backpulver versiebte Mehl nach und nach einrühren. Zuletzt die Haselnüsse dazugeben. Diesen Teig nun über die Quitten verteilen und den Kuchen ca. 45 Minuten backen.

Quittenkäse

Dieses Rezept kommt dem „Kittenkäs" meiner Großmutter am nächsten. Dabei auf die Sprünge geholfen haben mir Ute Woltron, die in ihrem Buch „99 Genüsse, die man nicht kaufen kann" der Quitte huldigt, und Linda Wolfsgruber, die nicht nur das Cover dieses Bandes gemacht hat, sondern jedes Jahr köstliches Quittenbrot erzeugt.

mindestens 3 kg Quitten (für kleinere Mengen ist der Aufwand zu groß, finde ich) • ca. 750 g Zucker pro kg passierte Quittenmasse

Die Quitten waschen und den Flaum der Schale abreiben. Die Quitten samt Schale und Kerngehäuse grob zerteilen, in einen geräumigen Topf geben und so viel Wasser zugeben, dass die Fruchtstücke bedeckt sind. Das Ganze zum Kochen bringen, Hitze reduzieren und köcheln lassen, bis die Quittenstücke ganz weich sind. Die Kochzeit hängt natürlich von der Größe der Quittenstücke ab, stechen Sie sie einfach von Zeit zu Zeit an.

Die Quitten in einem sehr feinmaschigen Sieb (oder sie verwenden dafür eine Windel, die Sie auf einen umgedrehten Schemel spannen, nicht ohne zuvor ein entsprechend großes Gefäß zwischen die Schemelbeine zu platzieren) abgießen und den Saft auffangen.

Die Quitten eine gute halbe Stunde abtropfen lassen.

Wenn Sie eine Flotte Lotte besitzen, dann geht das Passieren der Quitten schnell. Wenn nicht, schnappen

Sie sich eine Teigkarte und ein möglichst feines Sieb, und los geht's: Drücken Sie die Quitten durch das Sieb, indem Sie mit der Teigkarte unermüdlich und kräftig über das Gewebe streichen. Das gibt am nächsten Tag einen schönen Muskelkater.

Das Quittenpüree füllen Sie in einen großen Topf und versetzen es mit Zucker. Manche mögen es süßer und schwören auf eine Zuckerbeigabe von 1:1, ein dreiviertel Kilo pro Kilogramm Fruchtmasse reicht aber (das ist aber auch ein bisschen von der Quittensorte und vom Reifegrad der Früchte abhängig). Nun die ganze Angelegenheit erhitzen und rühren, 30 Minuten mindestens.

Den Backofen auf 50 °C (Umluft) vorheizen.

Die Quittenmasse ist nun bereits wunderbar rot. Um zu testen, ob sie geliert, machen Sie die zugehörige Probe: ein Löffelchen davon auf einen Teller geben, erkalten lassen und den Teller neigen. Bleibt der Klecks in Form, ist die richtige Konsistenz erreicht.

Alle verfügbaren Backbleche mit Backpapier belegen und die Masse ½ cm hoch daraufstreichen. In den Backofen damit und die Masse langsam trocknen lassen.

Wenn sie trocken und zäh ist, das Papier abziehen. In beliebige Formen schneiden und kühl und trocken aufbewahren.

Quittengelee

Dieses Rezept ergibt sich quasi aus dem vorhergehenden.

abgeseihter Quitten-Kochsud • ca. 700 g Zucker pro Liter Flüssigkeit • Saft einer Zitrone pro Liter Flüssigkeit • Mark einer Vanilleschote pro Liter Flüssigkeit
Alles zusammen köcheln, bis die Gelierprobe (siehe Quittenkäse) die richtige Konsistenz ergibt. Beginnen Sie eher

mit weniger Zucker. Manchmal gelieren die Quitten nahezu ohne.

Saubere kleine Schraubgläser mit dem kochend heißen Gelee füllen und fest verschließen.

Quittensorbet

Die Quitte sei eine kühlende Frucht, so sagen die antiken und mittelalterlichen Autoritäten. Auf diese Art tut sie's in jedem Fall. Stellen Sie die Schüssel für das Sorbet schon einmal zum Vorkühlen in den Kühlschrank.

Für 4 Portionen
250 g Feinkristallzucker • 400 g Quittenfleisch (2 kleinere Früchte) • 150 ml Weißwein • 1 Schuss Limoncello
250 ml Wasser erwärmen und den Zucker vollständig darin auflösen. Die Quitten schälen, entkernen und in kleine Stücke schneiden. Im Weißwein weich kochen (bei mir hat das ca. 7 Minuten gedauert). Mit dem Stab- oder im Standmixer (dort wird die Masse feiner) pürieren und mit dem Zuckerwasser vermischen.

Alles in die vorgekühlte Schüssel füllen und 3 bis 4 Stunden (oder länger, je nach Gefrierfach) frieren lassen. Dabei alle 15 Minuten mit einer Gabel durchrühren. Wenn Sie eine Eismaschine haben, dann dauert die Fertigstellung nur ca. 30 Minuten.

1 Schuss Limoncello in jede Portionsschale und das Sorbet mit einem Eisportionierer daraufsetzen. Wenn zur Hand, mit einem Blättchen Zitronenmelisse garnieren (gibt's aber im Winter selten).

Wein-freie Variante: Die Quitten in Orangensaft köcheln (etwas abgeriebene Schale einer Bio-Orange und eine Prise Salz sollten auch dabei sein).

LITERATUR

Ansari, Nana: Die georgische Tafel. Wien 2008

Busch, Wilhelm: Naturgeschichtliches Alphabet für größere Kinder und solche, die es werden wollen, Buchstabe Q. http://www.wilhelm-busch-seiten-de/werke/bilderbogen/alpha.html

Columella, Lucius Iunius Moderatus: Zwölf Bücher über Landwirtschaft. Buch eines Unbekannten über Baumzucht. Bd. III, hrsg. u. übers. v. Will Richter. München 1983

Die Fabel von Nasreddin Hoja. Aus: Der Sammler. Ein Unterhaltungsblatt, Bd. 21. https://books.google.at/books?id=c8BaAAAAcAAJ&pg=PA447&lpg=PA447&dq=quitte+fabel&source=bl&ots=GwG2nz8PkK&sig=KfcFNWK2aXkWpWIs8mA_BD1y_6I&hl=de&sa=X&ei=AxpfVfaiHouBU4bRgPgN&ved=0CCAQ6AEwAA#v=onepage&q=quitte%20fabel&f=false

Die Quitte – Comeback einer (fast) vergessenen Schönheit. Radiosendung Bayern 2, 17.10.2013

Donhauser, Michael: Die Wörtlichkeit der Quitte. Graz/Wien 1990

Fischer, Manfred (Hg.): Farbatlas Obstsorten. Stuttgart 2010

Fischer, Margot: Wilde Genüsse. Eine Enzyklopädie der essbaren Wildpflanzen von Adlerfarn bis Zirbelnuss. 2 Bände. Wien 2014

Goldt, Max: Texte aus den in die Vergriffenheit entlassenen Büchern „Quitten" & „Kugeln". Reinbek bei Hamburg 2009

Ibykos: Frühlingsgesang. Übersetzt von Emanuel Geibel. In: Classisches Liederbuch Griechen und Römer. Berlin 1875 (S. 44)

Kerényi, Karl Die Mythologie der Griechen. 2 Bände. Zürich 1951

Lear, Edward: The Owl and the Pussycat. (Übers. v. Claudia Sperlich.) https://kalliopevorleserin.wordpress.com/werke-im-netz/ubersetzungen/edward-lear/

Longariva, Karin: Genussland Südtirol. Einfach frisch kochen. Innsbruck 2010

Newedel, Karl: Birne, Quitte, Nuss & Traube. München 2013

Ranke, Kurt (Hg.): Enzyklopädie des Märchens, Bd. 2. Berlin 1979

Reichardt, Lars: Quitte pro quo. Rezepte: Kille Enna. SZ, 40/2002

Roden, Claudia: Das Buch der Jüdischen Küche. Eine Odyssee von Samarkand nach New York. Wien 2012

Roden, Claudia: Die orientalische Küche. München 2007

Rosenblatt, Lucas/Christandl, Freddy: Quitten. Das Comeback einer vergessenen Frucht. Lenzburg 2007

Sappho: „Vor der hellen Scheibe des Mondes …". Zit nach: Ebers, Georg: Eine ägyptische Königstochter. Altenmünster 2012

Schinharl, Cornelia: Apfel, Birne & Quitte. Neue Rezepte für starke Früchtchen. Weyarn 2003

Schirmer, Monika: Die Quitte – eine fast vergessene Frucht. Eching 2010

Strahlhofer, Robert: Kernobstanbau. Apfel – Birne – Quitte. Leopoldsdorf 2002

Vormweg, Parwin: Persisch kochen. Göttingen 2010

Wagner, Jan: Achtzehn Pasteten. Berlin 2007

Wagner, Peter: Verschmähte Früchtchen: Iss mir doch Quitte! http://www.spiegel.de/kultur/gesellschaft/verschmaehte-fruechtchen

Waters, Alice: The Art of Simple Food. München/London/New York 2014

Wies, Ernst W.: Capitulare de Villis et curtis imperialibus. Verordnung über die Krongüter und Reichshöfe und die Geheimnisse des Kräutergartens Karls des Großen. Aachen 1992

Winkler, August F.: Der süßen widerspenstigen Zähmung. http://www.die-feinschmeckerey.com/gastrosophie/kulinarische-pretiosen/642-quitte-der-widerspenstigen-suesse-zaehmung.html

Woltron, Ute: 99 Genüsse, die man nicht kaufen kann. Selbstgemachte Köstlichkeiten aus Natur und Garten. Wien 2011

Zedler, Johann Heinrich: Grosses vollständiges Universal-Lexicon aller Wissenschafften und Künste, 1731-1754. http://www.zedler-lexikon.de

INGE FASAN

ist Autorin und Lektorin (mit Schwerpunkt Kulinarik) und liebt Quitten. Zuletzt erschienen *Eat, Hate, Love. 192 Kochanleitungen bei Liebeskummer* (mandelbaum 2013) und das Kinderbuch *Wahid will bleiben* (Bibliothek der Provinz 2014, gemeinsam mit Franz Joseph Huainigg).

REZEPTVERZEICHNIS

mandelbaums *kleine gourmandisen*

Jeweils 60 Seiten | Euro 14,– | Gebunden

ARTISCHOCKE	MOHN
AVOCADO	MORCHEL
BANANE	ORANGE
BASILIKUM	PASTINAK
BIRNE	PISTAZIE
DATTEL	QUITTE
ERBSE	RADICCHIO
ERDNUSS	RHABARBER
FEIGE	ROTE RÜBE ROTE BETE
FENCHEL	SAFRAN
GRANATAPFEL	SALBEI
GURKE	SELLERIE
HASELNUSS	SESAM
HEIDELBEERE	SPARGEL
HOLUNDER	STEINPILZ
JOHANNISBEERE	TAFELTRAUBE
KAKAO	TOMATE
KARFIOL BLUMENKOHL	THYMIAN
KAROTTE MÖHRE	VANILLE
KICHERERBSE	WALNUSS
MANDEL	WEICHSEL SAUERKIRSCHE
MANGOLD	ZIMT
MARONE ESSKASTANIE	ZITRONE
MELANZANE AUBERGINE	ZUCCHINI
	ZWIEBEL